财务管理与内部控制优化

刘 萍 付 萌 冯 宁◎著

中国出版集团 现代出版社

图书在版编目（CIP） 数据

财务管理与内部控制优化／刘萍，付萌，冯宁著
. -- 北京：现代出版社，2023.9
ISBN 978-7-5231-0455-2

Ⅰ.①财… Ⅱ.①刘… ②付… ③冯… Ⅲ.①企业管理–财务管理–研究②企业内部管理–研究 Ⅳ.
①F275②F272.3

中国国家版本馆 CIP 数据核字（2023）第 141402 号

著　　者	刘　萍　付　萌　冯　宁	
责任编辑	窦艳秋	

出 版 人	乔先彪	
出版发行	现代出版社	
地　　址	北京市朝阳区安外安华里 504 号	
邮政编码	10011	
电　　话	（010）64267325	
传　　真	（010）64245264	
网　　址	www.1980xd.com	
电子邮箱	xiandai@vip.sina.com	
印　　刷	北京四海锦诚印刷技术有限公司	
开　　本	787mm×1092mm　1/16	
印　　张	10.75	
字　　数	243 千字	
版　　次	2024 年 4 月第 1 版　2024 年 4 月第 1 次印刷	
书　　号	ISBN 978-7-5231-0455-2	
定　　价	58.00 元	

前 言

在社会经济日益发展的背景下，我国对财政管理的重视程度越来越高。做好财务管理工作对企业社会经济职能的实现有重要影响，如何提高财务管理水平是企业的重要管理工作。财务管理工作直接影响着内部控制体系。基于此，在加强财务管理工作时，应当从财务管理的意义出发，做好财务管理内部控制工作，对症下药，解决财务管理工作问题，通过一系列的方法加强财务管理与内部控制工作。

基于此，本书以《财务管理与内部控制优化》为题，首先，阐述财务管理的内容与目标、财务管理的原则与环境、财务管理的货币价值与风险价值。其次，分析财务管理的筹资与投资管理、财务管理的营运资金管理、财务管理的收益分配管理。再次，讨论财务分析的内容与方法、财务分析的程序与财务报表的编制、财务报表分析的方法与程序；然后，对内部控制的目标与原则、内部控制的规范与要素、内部控制审计与内部控制评价进行论述；接下来探讨内部环境与风险评估、内部信息传递与内部控制监督、资金控制与存货控制、销售业务控制与采购业务控制。最后，研究事业单位内部控制及其优化、企业单位内部控制及其优化、商业银行内部控制及其优化。

全书内容简明扼要、通俗易懂，文字准确、流畅，以实用为目的，以必须、够用为度，加强实践与应用，从财务管理理论入手，进一步对内部控制深入分析，对企业内部控制提出优化策略，可供广大相关工作者参考借鉴。

笔者在本书的写作过程中，得到了许多专家学者的帮助和指导，在此表示诚挚的谢意。由于笔者水平有限，书中所涉及的内容难免有疏漏之处，希望各位读者多提宝贵意见，以便笔者进一步修改，使之更加完善。

目 录

第一章 财务管理基础理论

第一节 财务管理的内容与目标

一、财务管理的内容

（一）财务管理的领域

财务按照财务活动的不同层面可以分为三大领域：①宏观领域中通过政府财政和金融市场进行的现金资源的配置。现金资源的财政配置属于财政学的范畴，现金资源的市场配置通过金融市场和金融中介来完成。②中观层面上的现金资源再配置，表现为现金资源的所有者的投资行为，属于投资学的范畴。投资学研究投资目的、投资工具、投资对象、投资策略等问题，投资机构为投资者提供投资分析、投资咨询、投资组合、代理投资等服务。③微观层面上的企业筹集、配置、运用现金资源开展营利性的经济活动，为企业创造价值并对创造的价值进行合理分配，形成企业的财务管理活动。

（二）财务管理的具体内容

1. 资金筹集管理

资金筹集是指融通资金，需要解决的问题是如何取得企业所需要的资金。资金筹集管理的目标是从厘清和权衡不同筹资渠道的权益关系入手，采取适当的筹资方式进行科学的筹资决策，以尽可能低的资金成本和财务风险来筹集企业所需要的资金。

企业可选择银行借款、发行债券、发行股票、融资租赁、利用商业信用等若干方式融通资金。通过这些融资方式筹集的资金按照不同的权益关系可以分为权益性质的资金和负债性质的资金，以及按照资金的周转期间长短不同可分为长期资金和短期资金两种。一般而言，企业不能完全通过权益资金实现筹资，因为权益筹资方式资金成本较高，易分散公司的经营管理权，并且不能享受到财务杠杆的利益。但负债比例也不能过高，因为负债比重过高则导致较大的财务风险，如超出了企业能承受的限度，随时可能引发财务危机。所以筹资管理要解决的一个首要问题是如何安排权益资金和借入资金的比例。筹资管理要解决的另一个问题是如何安排长期资金和短期资金的比例。长期资金与短期资金的筹资速度、资金成本、筹资风险及使用资金所受的限制是不同的。

企业筹资管理的主要内容是筹资规模的确定和最优资金结构的运筹。由于筹资与投资、收益分配有密切的联系，筹资的规模大小要充分考虑投资的计划和股利分配政策。因此，筹资决策的关键在于追求筹资风险和筹资成本相匹配的情况下，实现最优的资金结构。

2. 资金投放管理

资金投放简称投资，是指运用资金，所要解决的问题是如何将企业收回的资金和筹集的资金投放出去，才能取得更多的收益。企业资金投放管理的目标是以投资风险——收益对等原则为支撑，正确选择投资方向和投资项目，合理配置资金，优化资产结构和有效运用资产，以获得最大投资收益。

企业可以将资金投放于购买设备、兴建厂房、购买材料、开发新产品及开办商店等，也可以将资金投放于购买企业股票和债券及购买政府公债等。企业的投资决策按不同的标准可以分为对内投资和对外投资及长期投资和短期投资。

对内投资是指直接把资金投放于企业的生产经营性资产，以便创造利润的投资，这一般称项目投资；对外投资是指把资金投放于金融性资产，以便获得股利和利息收入的投资，又称证券投资。这两种投资决策所使用的方法是不同的，项目投资决策一般事先拟定一个或几个备选方案，通过对这些方案的分析评价，从中选择一个足够满意的行动方案；而证券投资只能通过证券分析和评价，从证券市场中选择企业需要的股票和债券，并组成投资组合，目的在于分散风险的同时获得较高的收益。长期投资和短期投资所使用的决策方法也有区别。由于长期投资涉及的时间长、风险大，决策分析时更重视资金时间价值和投资风险价值。

3. 收益分配管理

收益分配管理是指在公司赚得的利润中，有多少作为股利发放给股东，有多少留在企业作为股东的再投资。收益分配管理的目标是有效处理与落实企业与国家、投资者、债权人及企业职工之间的经济利益关系，执行恰当的股利分配政策，合理进行收益分配。

企业在进行收益分配时，确定适当的股利分配政策至关重要。过高的股利支付率，影响企业再投资的能力，会使未来收益减少，造成股价下跌；过低的股利支付率可能引起股东不满，股价也会下跌。股利政策的制定受多种因素的影响，包括税法对股利和资本利得的不同处理，未来公司的投资机会、各种资金来源及其成本、股东对当期收入和未来收入的相对偏好等。每个企业根据自己的具体情况确定最佳的股利政策，这是财务决策的一项重要内容。

股利分配决策，从另一个角度看，也是保留盈余的决策，是企业内部筹资问题。因此，收益分配管理与筹资管理有着密切的关系，并非一项独立的财务管理内容。

4. 财务分析和财务计划

财务分析是指通过分析企业的财务报表考核企业的经营绩效和财务状况。一般采用与同行业平均水平相比和考察本企业历年财务报表的变化趋势等方式，向股东和债权人等报告企业的盈利能力、偿债能力、营运能力和发展能力，使与企业利益有关的各方对企业的现状和将来的发展有一定的估计，以便进一步判断企业股票价值的发展趋势，同时也考核企业经营者的业绩，以便决定如何对经营者进行奖惩。

财务计划是通过编制企业的财务预算，制订可预知的资金需求量、利润水平及资金筹措与运用的方向和数量，以此作为将来企业财务活动的具体依据。

5. 特种财务管理

特种财务管理是对一些特定目的的财务活动所实施的管理。特种财务管理的内容主要有企业清算财务管理、企业兼并与改组及国际财务管理等。

二、财务管理的目标

财务管理的目标，是财务管理研究的一项重要内容，是企业在特定的内外部环境中，通过有效地组织各项财务活动，正确处理好财务关系所要达到的最终目标。

（一）财务管理的总体目标

财务管理总目标，是全部财务活动要实现的根本目标，具有导向性作用。有了明确合理的财务管理总目标，财务管理工作才有明确的方向。企业财务管理总目标是企业财务管理的出发点和归宿。因此，企业应根据自身的实际情况以及环境因素对企业财务管理的要求确定财务管理总目标。财务管理总目标取决于企业的总目标。

企业财务管理目标主要有利润最大化、股东财富最大化、企业价值最大化、相关者利益最大化等四种具有代表性的理论，各种类型财务管理目标的出现是不同环境下的选择结果。

1. 利润最大化

利润是企业经济效益的一个考量尺度，是企业在一定期间内取得的收入扣除成本后的差额。追求利润最大化是企业生产经营的出发点和落脚点。

利润最大化的主要优点包括：企业追求利润最大化，就必须讲求经济核算，加强管理，改进技术，提高劳动生产率，降低产品成本。这些措施都有利于企业合理配置资源，有利于提高企业的整体经济效益。

以利润最大化作为财务管理目标的风险主要包括：①没有考虑利润的实现时间和资金时间价值；②没有考虑风险问题，不同行业具有不同的风险，同等利润值在不同行业中意义也不相同，如果盲目追求利润最大化，会导致资本规模的无限扩张，会给企业带来更大的财务风险；③利润是个绝对指标，没有反映创造的利润和投入资本之间的关系；④片面追求利润最大化，可能会导致企业的短期行为，影响企业长远可持续发展。

2. 股东财富最大化

股东财富最大化是企业财务管理以实现股东财富最大化为目标。对上市公司而言，股东财富是由股东所拥有的股票数量和股票市场价格决定的。当股票数量一定时，股票市场价格是决定股东财富的最重要因素，此时如果股票价格达到最高，股东财富就最大。

与利润最大化相比较，股东财富最大化的主要优点包括：①考虑了风险，因为通常股价会对风险做出较敏感的反应；②在一定程度上能规避企业的短期行为，因为不管是目前的利润，还是预期未来的利润，都会影响到股价；③对上市公司而言，股东财富最大化比较容易量化，便于考核和奖惩。

以股东财富最大化作为财务管理目标存在的风险包括：①通常只适用于上市公司，难以应用于非上市公司，因为非上市公司无法像上市公司一样随时准确获得公司股价；②股价受较多因素的影响，有些甚至不能完全准确反映企业的经营业绩，如资本市场的投机行为、人为操纵行为、企业的财务舞弊行为等，因此难以准确反映股东的真实财富；③股东财富最大化更多强调的是股东的利益，而不够重视其他相关者的利益。

3. 企业价值最大化

企业价值最大化是指企业财务管理行为以实现企业价值最大化为目标。企业价值可以理解为企业所有者权益和债权人权益的市场价值，或者企业所能创造的预计未来现金流量的现值。未来现金流量考虑了资金的时间价值和风险价值两个因素，其现值是以资金时间价值为基础对现金流量进行折现计算出来的。

以企业价值最大化作为财务管理目标，主要优点包括：①考虑了取得报酬的时间，并用资金时间价值的原理进行了计量；②在评估企业价值时，考虑了风险与报酬的关系；③把企业长期、稳定的发展和持续的获利能力放在首位，可以克服企业在追求利润上的短期行为；④用价值代替价格，克服了过多外在因素的干扰。

以企业价值最大化作为财务管理目标也存在一定的风险，主要包括：①以企业价值最大化作为财务管理目标过于理论化，不易操作；②对于非上市公司来说，只有对企业进行专门的评估才能确定其价值，而在评估企业价值时，由于会受到评估标准和评估方式的影响，很难做到客观准确。

4. 相关者利益最大化

现代企业是多边契约关系的总和，企业的理财主体更加细化和多元化，企业在确定财务管理目标时，应综合考虑股东、债权人、职工、供应商、客户等相关者的利益。股东作为企业的所有者，在企业中拥有最高权力的同时，还承担着最大的风险，同时政府、债务人、职工、客户等也承担着一定的风险。因此，在确定财务管理目标时，不能只强调股东的利益，而忽略了其他相关者的利益。

以相关者利益最大化为财务管理目标的优点包括：①考虑并满足各相关利益者的利益，避免只考虑股东的利益，有利于企业的长期稳定发展；②兼顾了企业、股东、政府、客户相关者的利益，体现了合作共赢的价值理念，有利于实现企业经济效益和社会效益的统一；③这一目标是一个多元化、多层次的目标体系，兼顾了各利益主体的利益，可使各利益主体相互作用、相互协调，并在使企业利益、股东利益达到最大化的同时，也使其他相关者的利益达到最大化。但是，相关者利益最大化的目标过于理想化，在目前的社会环境条件下难以操作。

企业是市场经济的主要参与者，企业的创立和发展都离不开股东的投入，离开了股东的投入，企业就不复存在，并且，在企业生产运营过程中，股东作为所有者承担着较大的风险和义务，相应也需享受较高的报酬。因此，利润最大化、股东财富最大化、企业价值最大化和相关者利益最大化目标，都是以股东财富最大化目标为基础的。

当然，以股东财富最大化目标为基础，还应考虑各利益相关者的利益。股东权益就是剩余权益，企业在向国家缴纳税款、向职工发放工资福利、给用户提供满意的产品和服务后，才会获得税后收益，因此，其他相关利益者的利益要先于股东被满足。

（二）财务管理的具体目标

财务管理的具体目标，是为实现财务管理总体目标而确定的企业各项具体财务活动所要达到的目标。

1. 筹资活动管理的具体目标

企业为了保证正常的生产经营或扩大再生产，必须有一定的资金。企业可以从多种渠道筹集所需资金，如发行股票、银行借款、发行债券等，不同的筹资方式，其筹资成本和筹资风险不尽相同。筹资管理的目标有以下两个。

（1）以较小的资本成本，筹集较多的资金。企业的筹资成本包括利息、股利等向出资人支付的报酬和筹资过程中的各种筹资费用。

（2）以较低的筹资风险，筹集较多的资金。企业的筹资风险主要是到期不能偿还债务的风险。

总的来说，筹资管理的具体目标是以较小的资本成本和较低的筹资风险，筹集较多的资金。

2. 投资活动管理的具体目标

要在投资活动中贯彻财务管理总体目标的要求：①必须使投资收益最大化，投资收益是与企业的投资额相联系的，企业投资报酬越多，说明企业的获利能力越强，从而可以提升企业价值；②投资存在着一定的风险，企业在尽可能获得较高收益时，还必须降低投资风险。

总的来说，企业投资管理的具体目标是认真进行投资项目的可行性分析，力求提高投资报酬，降低投资风险。

3. 经营活动管理的具体目标

企业经营活动管理作为财务管理的主要内容，如何保障经营活动的顺利开展，减少经营活动中资金的占用，提高资金的使用效率是一个非常重要的问题。因此，营运资金管理的具体目标是在满足企业生产经营活动的情况下，合理使用资金，加速资金周转，不断提高资金的使用效果。

4. 利润与分配活动管理的具体目标

利润与分配活动管理是将企业取得的利润在企业与投资者、职工、政府等相关利益者之间进行分割，这种分割涉及利益相关者的经济利益，而且涉及企业现金的流出，会影响企业与相关利益者的关系和企业财务的稳定性。因此，企业应该从全局出发，正确处理好企业与各利益相关者的关系，选择合适的分配方式。总的来说，收益与分配管理的具体目标是采取各种措施，努力提高企业利润水平，合理分配企业利润。

第二节　财务管理的原则与环境

一、财务管理的原则

财务管理原则，也称理财原则，是进行企业财务管理所应遵循的指导性的理念或标准，是人们对财务活动的共同的、理性的认识。它是联系理论与实务的纽带，是为实践所证明了的并且为多数理财人员所接受的理财行为准则，它是财务理论和财务决策的基础。

（一）财务管理的系统原则

财务管理从资金筹集开始，到资金收回为止，经历了资金筹集、资金投放、资金收回与资金分配等几个阶段，这几个阶段互相联系、互相作用，组成一个整体，具有系统的性质。为此，做好财务管理工作，必须从财务管理系统的内部联系和外部联系出发，从各组成部分的协调和统一出发，这就是财务管理的系统原则。在财务管理中应用系统原则，中心是在管理中体现系统的基本特征。

第一，系统具有整体性。只有整体最优的系统才是最优系统，各财务管理系统必须围绕整个企业理财目标进行。

第二，系统具有层次性。在企业资源配置方面，应注意结构比例优化，从而保证整体优化。

第三，系统具有环境适应性。在理财环境中必须保持适当的弹性，以适应环境的变化。

系统原则是财务管理的一项基本原则，在财务管理实践中，分级分口管理、目标利润管理、投资项目的可行性分析都是根据这一原则来进行的。

（二）财务管理的平衡原则

在财务管理中，要力求使资金的收支在数量上和时间上达到动态的协调平衡，这就是财务管理的平衡原则。资金收支动态的平衡公式为：预计现金余额＝目前现金余额＋预计现金收入−预计现金支出。如果预计的现金余额远远低于理想的现金余额，则应积极筹措资金，以弥补现金的不足；如果预计的现金余额远远大于理想的现金余额，应积极组织还款或进行投资，以保持资金收支上的动态平衡，实现收支相抵，略有结余。

平衡原则也是财务管理的一项基本原则，财务管理的过程就是追求平衡的过程。在财务管理实践中，现金的收支计划、企业证券投资决策、企业筹资数量决策，都必须在这一原则指导下进行。

（三）财务管理的比例原则

财务管理除了对绝对量进行规划和控制外，还必须通过各因素之间的比例关系来发现管理中存在的问题，采取相应的措施，使有关比例趋于合理，这便是财务管理的比例原则。

比例原则是财务管理的一项重要原则，在财务管理实践中，财务分析中的比率分析、企业筹资中的资本结构决策、企业投资中的投资组合决策都必须贯彻这一原则。

（四） 财务管理的优化原则

财务管理过程是一个不断地进行分析、比较和选择，以实现最优的过程，这就是财务管理的优化原则。在财务管理中贯彻优化原则，主要包括三个方面的内容。

第一，多方案的最优选择问题。

第二，最优总量的确定问题。

第三，最优比例关系的确定问题。

优化原则是财务管理的重要原则，财务管理的过程就是优化过程。如果不需要优化，管理就失去了意义。

二、财务管理的环境

环境是客观的，它是相对于主体而言的客体。在财务管理活动中，财务管理主体需要不断地对财务管理环境进行审视和评估，并根据其所处的具体环境的特点，采取与之相适应的财务管理手段和管理方法，以实现财务管理的目标。

（一） 财务管理的内部环境

企业的内部环境，是指存在于企业内部的影响企业财务管理活动的条件和因素，一般属于微观财务环境。对大部分企业来说，其所处的外部财务环境可能是相同的，但每个企业的内部财务管理环境却千差万别，各不相同。不同治理结构、不同组织形式和不同规模的企业分别具有不同的内部财务管理环境。企业应根据自身的内部环境特点，分别采取不同的管理措施，以实现企业财务管理效果最优化。

1. 治理结构

公司治理是一整套法律、文化和制度性安排，用来协调企业与利益相关者之间的利益关系，以保证公司决策的科学性、有效性，从而最终维护公司各方面的利益。由于世界各国在社会传统、政策法律体系、政治体制与经济制度等方面存在差异，因而演化出多样化的融资制度、资本结构与要素市场，从而形成了不同的公司治理结构。不同治理结构对财务管理的实施也具有不同的影响。

（1） 外部监控型。外部监控型治理结构，也称市场导向型公司治理模式，即公司治理主要受外部市场的影响。这种公司治理模式以高度分散的股权结构、高流通性的资本市场和活跃的公司控制权市场为存在基础和基本特征，其典型代表国家有美国、英国、加拿大和澳大利亚。

由于股权特征具有高度分散性，委托人和代理人的信息不对称程度扩大，因此，在经理人的监督和激励问题上主要采用与股东利益相结合的方式，如股票期权、股票赠予等。虽然股东大会和董事会的投票能影响财务决策，但是经理人更能直接有力地影响这种决策，并且更倾向于做出高风险的投资决策。

（2）内部监控型。内部监控型治理结构，又称网络导向型治理模式，即公司治理主要受股东（法人股东）和内部经理人员流动的影响。这种公司治理模式以相对集中的股权和主银行实质性参与公司监控为存在基础和基本特征，典型代表国家有日本及德国和其他欧洲大陆国家。在这种模式下，股东和主银行在公司的财务决策中发挥显著的作用，能限制经理人的高风险投资决策偏好。

（3）家族监控型。家族监控型治理结构，指公司所有权与经营权没有实现分离，公司与家族合一，公司的主控制权在家族成员中进行配置的一种治理模式。所有权与经营权合一是家族企业和家族监控型治理结构存在的基础和基本特征，其典型代表国家有韩国和马来西亚、泰国、新加坡、印度尼西亚等国家。这种模式主要由家族领导者做出公司的财务决策，具有高效性，但是专业化程度不足，公司的内部控制体系也需要完善，并且融资规模会受到限制。

（4）转轨经济型。转轨经济型治理结构主要存在于俄罗斯、中欧以及中国这些转轨经济国家。它们的共同特点是有大量规模较大、急需重组的国有企业，且法律体系不够完善。在这些转轨经济国家中，公司财务中的最大问题是内部人控制。经理层利用经济体制转型期间的真空对企业实行强有力的控制，在某种程度上成为实际的企业所有者，即使有形式上的内部控制机制来保护投资者利益，公司的财务决策也主要由实际控制人决定。

2. 组织结构

组织结构，是关于组织成员或团队任务不同角色的正规说明，为组织活动提供计划、执行、控制和监督职能的整体框架，关键要素组成包括：必要的工作活动、报告关系以及部门组合。组织结构会影响信息流的传递、工作的动机以及工作的有效性，从而影响财务活动。

企业应在仔细分析自身特点的基础上，寻找一种合适的组织结构，以促进形成企业内部良好的理财环境。这样才有利于各职能部门相辅相成地开展工作，有利于企业经营管理和理财决策的实施。常用的组织结构分类方式包括：直线职能式组织结构、事业部制组织结构和矩阵式组织结构。

（1）直线职能式组织结构。直线职能式组织结构的纵向控制大于横向协调，正式的权力和影响一般主要来自职能部门的高层管理者。这种组织结构的优点是管理指令系统明确，每个员工都有其既定的汇报路线；缺点是管理层级过多，容易导致财务管理的灵活性和有机性差，与外界环境的关系僵化，与其他部门之间的横向协调和沟通缺乏效率。因此，这种组织结构适用于小型或中型规模组织以及只有少数产品线的大规模组织。

（2）事业部制组织结构。在事业部制组织结构中，各业务环节以产品、地区或客户为中心重新组合，每个事业部都有独立的生产、研发、销售等职能，强调了组织中的跨职能协调。这种组织结构的优点是，责任明确、沟通环节清晰，每个事业部都有一定的决策权，工作积极性和创造性高，财务管理活动对外部有效性和适应性强，能迅速对外部不稳定、高度变化的环境做出反应，调节财务活动；缺点是职能部门之间失去规模经济效益，生产线之间缺乏协调，容易导致各事业部的目标与集团总体目标不一致，会在一定程度上影响企业整体财务管理目标的实现效率。因此，这种组织结构对大规模和产品较多的组织来讲管理效果更好。

（3）矩阵式组织结构。矩阵式组织结构吸收了直线职能式结构和事业部制组织结构的优点，既保留了事业部制组织结构中的责任追踪，又拥有直线职能式组织结构的专业优势。矩阵式组织结构的缺点是容易造成命令混乱、权责模糊或权责不对等的情况，在职能经理和项目经理之间容易产生冲突，出现多头领导的问题。

在这种组织机构下，制订经营计划、监管执行情况和设计考核办法等都相对简单清晰。只要以产品为主线，以产品事业部为对象，将销量、利润、费用、渠道建设等主要的经营指标分解下达给各事业部，使权、责、利相连，就能实现公司的总体财务管理目标。

3. 内部规章制度

企业内部有各种各样的规章制度，对企业经营管理活动进行规范和指引。这些规章制度体系的建设和实施在某种程度上体现了企业的内部管理水平。如果企业内部具有完备、健全的管理制度并且能得到严格执行，就意味着企业的财务管理具有较好的基础，企业财务管理工作具有较高的起点。这样，企业更加容易走上规范化的轨道并带来理想的财务管理效果。若企业内部规章制度不健全，或者有制度但没有严格执行，就必然给企业财务管理工作带来困难。

（1）内部规章制度体系建设。内部的规章制度体系，通常围绕着企业的六项经营活动（技术、商业、业务、安全、会计和管理）进行建设，主要包括行政管理制度、人事管理制度、生产技术管理制度、质量检验制度、企业经济合同管理制度、产品供应管理办法、销售管理制度、安全生产管理制度、审计工作制度、内部控制制度、公司薪酬制度、预算管理制度等。完善、适度、规范的内部规章制度体系，可以使财务决策有章可循，提高财务活动效率，但是过度的规章制度体系则会变成繁文缛节，起到相反的效果。

（2）内部规章制度体系的执行力。内部规章制度是否能提高财务活动效率，除了由规章制度体系本身是否完善、适度、规范决定以外，还取决于规章制度的执行是否有效。例如，大多数较大规模的企业都制定了全面预算的管理制度，但若不能从上至下、全员参与到其中，或者即使参与制定预算但不按照一定的标准和制度执行，这些制度也只是形同虚设。

除了以上要点，企业内部财务环境还包括企业的生产经营规模、企业文化和企业自身筹资、投资和经营的能力，以及企业财务管理部门的整体水平。因此，企业财务管理部门和人员应该充分认识到自身在企业经营中的重要地位，积极探索适合本企业的管理模式和思路，随时根据市场动向做出灵活反应，强化内部管理水平，降低各种消耗，积极主动地来促进企业微观财务环境的优化。

（二）财务管理的外部环境

企业的外部环境，是指企业外部影响财务活动的各种因素，有的属于宏观财务环境，如国家的经济环境、法律环境和文化环境；有的属于微观财务环境，如产品销售市场、原材料供应市场等。以下重点探讨宏观环境的外部环境内容及其对企业财务管理的影响。

1. 经济环境

财务管理的经济环境，是影响财务管理的一切经济因素的总和，一般包括经济管理体制、经济发展水平、经济周期、经济政策、通货膨胀和市场的完善有效性等。

（1）经济管理体制。经济管理体制是国家的基本经济制度，是在一定的社会制度下，经济关系的具体形式以及组织、管理和调节国民经济的体系、制度、方式、方法的总称。目前，世界上典型的经济管理体制有计划经济管理体制和市场经济管理体制两种类型。中国的经济管理体制已经基本实现了市场经济管理体制的变革。

市场经济管理体制的基本特征是：政府宏观管理与调控不再是配置资源的前提，配置资源的主体是市场，企业成为"自主经营、自负盈亏"的经济实体，有独立的经营权，同时也有独立的财权。企业可以根据自身发展的需要，确定合理的资本需求，然后选择合适的方式筹集资本，再把筹集到的资本投放到效益高的项目上，最后将收益根据需求进行分配，保证企业自始至终根据自身条件和外部环境变化做财务决策。

市场经济管理体制对企业财务管理工作的影响主要体现在：要求企业面向市场进行财务管理活动，而不是接受政府的行政命令；要求企业将利润最大化或企业价值最大化作为财务管理的目标，而不是完成国家下达的指标；企业自主进行筹资、投资和利润分配决策，国家不直接参与；企业主要通过市场进行预测和决策，而不是按照行政命令下达的财务计划进行财务管理；财务管理成为独立于企业生产经营的管理活动，企业财务部门可以独立完成筹资、投资和分配等活动。

（2）经济发展水平。不同国家的经济发展水平是不同的，市场的成熟度也存在差距。这些都会影响企业的财务管理活动。通常将处于不同经济发展阶段的国家分为发达国家、发展中国家和不发达国家三个群体。

发达国家的市场机制已比较成熟，在市场经济环境下已经积累了丰富的理论和实践经验，因此财务管理理论水平较高，管理活动创新能力很强，财务管理的方法和手段也非常科学、严密；发展中国家的现代商品经济相对起步较迟，市场经济发展水平不高，但发展中国家企业财务管理的内容和方法手段能在学习发达国家先进理论的基础上快速更新，同时受政策影响显著，出现不是很稳定的特征；不发达国家经济发展水平低，企业经济活动内容简单，企业规模小，因而，无论在财务管理的内容、方法还是手段上都落后于发达国家和发展中国家。

（3）经济周期。经济周期是指在整个国民经济活动中所出现的由扩张到收缩的循环往复。这种循环往复呈现周期性波动特征，主要包括经济复苏阶段、经济繁荣阶段、经济衰退阶段和经济萧条阶段。这种起伏更替的周期波动直接影响几乎所有的产业和企业。

在经济周期的不同阶段，企业的规模、销售能力、获利能力以及相关的资本需求都会表现为不同的特征，对企业的财务策略会产生不同的影响，因而会影响财务管理的手段、方法。

（4）经济政策。经济政策是国家进行宏观经济调控的重要手段。国家根据不同时期社会经济发展的战略要求制定出不同的经济政策，包括产业发展和升级政策、经济结构调整政策、区域经济发展政策、金融政策和财税政策等，构成了现代企业重要的财务管理环境，对企业的筹资、投资和收益分配活动都会产生重要影响。

例如，具有优惠性的财税政策会影响企业的资本结构和投资项目的选择，产业政策和经济结构调整政策会影响资本的投向、投资回收期及预期收益。经济政策会随经济状况的变化而调整。如果企业能及时地预测某项经济政策，把握住投资机遇，就能享受国家的优惠条件，从而得到巨大的收益。

（5）通货膨胀。通货膨胀是影响企业财务管理的重要因素，因为它直接对企业的现金流量和管理策略产生重大影响。通货膨胀不仅对消费者不利，对企业财务活动的影响更为严重。

第一，企业资金需求不断膨胀。因为物价上涨，同等数量的存货会占用更多的资金；企业为减少原材料涨价所受损失往往提前进货，超额储备，资金需要量增加；资金供求矛盾尖锐，企业之间相互拖欠货款的现象严重，应收账款增加，资金流动质量变差；通货膨胀时，按历史成本原则核算，会造成成本虚低，利润虚增，而可用资金不足，企业想要维持正常生产，就需要增加资金。

第二，资金供给持续性短缺。因为政府为控制通货膨胀，紧缩银根，减少了货币资金供应量；物价上涨，引起利息率上涨，使股票、债券价格暴跌，增加了企业在资本市场筹资的难度；同时物价上涨时，银行贷款的风险加大，贷款的条件也更加苛刻。

第三，货币性资金不断贬值。有价证券价格的不断下降使企业倾向于具有保值性的实物性资产的投资。

企业应当采取适当措施防范通货膨胀给企业造成的不利影响。在通货膨胀初期，货币面临着贬值的风险，企业可以加大投资，避免风险，实现资本保值；与客户签订长期购货合同，减少物价上涨造成的损失；借入长期负债，保持资本成本的相对稳定。在通货膨胀持续期，企业应采用偏紧的信用政策，减少企业债权或调整财务政策，防止和减少企业资本流失等。

（6）市场的完善有效性。企业依赖市场而存在和发展，市场环境影响企业的财务活动。从企业所处的市场环境竞争态势来看，市场类型可以划分为完全竞争市场、不完全竞争市场、寡头垄断市场和完全垄断市场。

对计划在证券市场上融资和投资的企业而言，证券市场的效率对财务决策也具有重要的影响。从证券市场上股票价格与相关信息的角度来看，证券市场可以划分为强式有效市场、半强式有效市场和弱式有效市场。

第一，强式有效市场。这种类型的证券市场是指证券价格完全反映了所有与价格变化有关的信息，包括历史信息、公开信息和内部信息。在这种市场上，证券价格取决于其实际价值，因而，即使个别投资者在偶尔几次投资活动中获得超常利润，也不可能长期稳定地保持这种收益，总的投资结果将只能获得平均利润，靠造假手段无法真正影响证券价格。

第二，半强式有效市场。这种类型的证券市场是指证券价格反映了所有历史信息和公开信息，但不能反映其内部信息。这种市场的效率程度要低于强式有效市场，但是公开发表的信息越迅速、越完整地被投资者获知，证券市场将会越有效率，但将会反过来减少投资者赚取超额利润的机会。

第三，弱式有效市场。这种类型的证券市场是指证券价格反映了所有过去证券价格变动的资料和信息，但却不能及时、有效、全面地反映所有公开信息，更不能反映内部信息。这种市场的效率程度比半强式有效市场还要低，证券价格的未来走向与其历史变化没有任何必然联系，证券价格的历史数据不能用来预测未来价格的变化情况，因此，投资者无法用过去的信息来判断目前的证券价格是否合理。

2. 法律环境

财务管理是一种社会行为，一定会受到法律规范的约束。目前，直接影响财务主体的财务机制运行的重要法律规范主要包括财政税务法规、金融证券法规、财务会计法规、企业组织类法规等。

（1）财政税务法规。税收是国家凭借政治权力无偿征收实物或货币，来取得财政收入的一种手段。由于国家财政收入的主要来源是企业所缴纳的税金，而国家财政状况和财政政策对企业资金供应和税收负担具有重要影响，同时，国家各种税种的设置、税率的调整还具有调节生产经营的作用。因此，企业的财务管理决策应当适应税收政策的导向，合理安排资金投放，以追求最佳经济效益。

税法是由国家机关制定的、调整税收征纳关系及其管理关系的法律规范的总称。中国税法的构成要素主要有征税人、纳税义务人、征税对象、税目、税率、纳税环节、计税依据、纳税期限、纳税地点、减税免税、法律责任等。中国现行税法规定的主要税种，包括增值税、消费税、资源税、企业所得税和个人所得税等。税负是企业的一种费用，会增加企业的现金流出，对企业财务管理具有重大影响。

（2）金融证券法规。针对金融市场及相关金融证券的法规，既为企业提供了一个规范化的财务管理环境，同时也对企业的财务管理活动提出了严格的要求，主要的金融证券法规包括《中华人民共和国证券法》《中华人民共和国人民银行法》《中华人民共和国商业银行法》《中华人民共和国票据法》《企业债券管理条例》《支付结算办法》《中国人民银行信用卡业务管理办法》《中华人民共和国外汇管理条例》《信贷资产证券化试点管理办法》等。

（3）财务会计法规。财务会计法规制度是规范企业财务活动、协调企业财务关系的行为准则。财务会计法规对促进企业依法自主经营、自负盈亏、自我发展、自我约束，使企业成为产权明晰、权责明确、政企分开、管理科学的现代企业，具有重要的意义。

（4）企业组织类法规。关于企业组织的法规直接决定了企业财务运行可能的方式和环境。企业组织类法规有《中华人民共和国公司法》《全民所有制工业企业法》《中华人民共和国个人独资企业法》《中华人民共和国合伙企业法》《中华人民共和国乡镇企业法》《中华人民共和国中外合资经营企业法》《中华人民共和国中小企业促进法》《中华人民共和国中外合资经营企业法》等。不同组织类型的法规对不同企业的投资、筹资和分配政策以及相关的公司治理机制安排都做出了不同的规定，在很大程度上影响了企业的财务管理行为。

3. 文化环境

财务管理的文化环境，是指对财务活动的形成和发展具有制约和影响作用的各种文化因素的总和，包括思想观念、价值趋向、思维方式、行为准则以及语言文字、风俗习惯等。在不同的社会或地区，不同文化因素组成的文化环境会表现出明显的差异。

可将文化分为专业文化和社会文化两类。专业文化是指该特定的专业群体为其专业目标的实现而共同遵守的社会主义核心价值观和共同的价值取向，充分体现专业群体成员共同的追求与理念，是对专业中个体行为形成内在和外在的指导与规范。社会文化是指在相应社会系统、社会关系中获得社会属性、具有社会功能的文化现象和文化客体。这种文化几乎存在于每一个社会环节中，如价值观念、道德水平等。

（1）专业文化。财务管理作为一门独立的学科产生于19世纪末，但其理论在20世纪50年代以后才取得巨大进展。这主要是由于数学和计算机等专门技术在财务管理领域的广泛应用，如资本资产定价模型、期权定价模型和套利定价理论等都依托于数学的推导方法。财务管理从以定性管理方法为主逐步发展为定性与定量管理方法并重，主要得益于效用理论、线性规划、概率分布和模拟技术等数量方法在财务管理研究中的应用，例如在财务风险的控制和财务决策中，理财的数量化方法占有很高的地位。21世纪以来，随着计算机技术和网络技术的迅猛发展和广泛应用，财务管理在手段上完成了从手工到信息化的飞跃，理财效率迅速提高，扩大了信息处理和传递范围，为及时、准确、充分地处理和传递各种信息提供了可能，形成了网络化的财务管理信息系统。基于这种平台与技术，一些远程的管理、控制及跨国财务活动已成为现实。

（2）社会文化。社会文化的内容十分广泛，包括教育、科学、艺术、舆论、新闻出版、广播电视、卫生体育、世界观、理想以及同社会制度相适应的权利义务观念、组织纪律观念、价值观念等。

第三节　财务管理的货币时间价值与风险价值

一、财务管理的货币时间价值

货币时间价值观念是现代财务管理的基础观念之一，它揭示了不同时点上资金之间的换算关系，是财务决策的基本依据。为此，必须了解货币时间价值的概念。货币的时间价值是一定量的货币在不同时点上的价值量的差额。货币本身不能带来价值，只有投入生产领域转化为劳动资料、劳动对象，再和一定的劳动相结合才能产生价值。这些价值最终还需在流通中才能实现。新增的价值是工人创造的，一部分作为工资支付给了工人，剩余的部分则归各类资本所有者所有。在不考虑风险的情况下，投资于不同行业的资金会获得大体相当的投资报酬率。

此外，通货膨胀也会影响货币的实际购买力，资金的供应者在通货膨胀的情况下，必须要求索取更高的报酬以补偿其购买力损失，这部分补偿称为通货膨胀贴水。可见货币在生产经营过程中产生的报酬还包括货币资金提供者要求的风险报酬和通货膨胀贴水。因此，货币时间价值是扣除风险报酬和通货膨胀贴水后的社会平均利润率。货币时间价值有相对数、绝对数两种表达形式。相对数形式即时间价值率，是扣除风险报酬和通货膨胀贴水后的社会平均利润率；绝对数形式即时间价值额，是资金与时间价值率的乘积。两种表示方法中，用相对数表达的情况较多一些。

银行存款利率、贷款利率、股利率等各种投资报酬率与时间价值在形式上没有区别，但实质上，这些投资报酬率只有在没有风险和通货膨胀的情况下才与货币时间价值相等。一般来说，一个政治、经济稳定的国家的国债利率可以近似地认为是没有风险的投资报酬率。

为了分层次、由简到难研究问题，在论述货币时间价值时采用抽象分析法，一般假定没有风险、没有通货膨胀情况下的利率代表时间价值率。

第一，现值与终值。货币时间价值的计算是将不同时点发生的现金流量进行时间基础的转换。通常会借助现金流量时间轴来计算。现金流量时间轴是计算货币资金时间价值的一个重要工具，它可以直观、便捷地反映资金运动发生的时间和方向。

第二，现金流模式。企业中常见的现金流模式类型一般包括三种：一次性款项、年金及不规则现金流。一次性款项通常指某段时间内特定时点上发生的某项一次性付款（或收款）业务，经过一段时间后发生与此相关的一次性收款（或付款）业务。年金则是指某段时间内每间隔相等时间段就发生的相同金额的多次付款（或收款）业务。不规则现金流是指某段时间内发生多次不同金额的付款（或收款）业务。

第三，计息法。在计息和贴现两种计算中，根据利息的计算方法不同分为单利法、复利法。单利法是指只就本金计算利息，本期产生的利息在以后时期不再计算利息。复利法是指不仅就本金计算利息，本期产生的利息在以后时期也要作为下一期的本金计算利息，俗称"利滚利"。

单利法计算简单，操作容易，也便于理解，银行存款计息和到期一次还本付息的国债都采取单利计息的方式。但是对投资者而言，每一期收到的利息都是会进行再投资的，不会有人把利息收入原封不动地放在钱包里，至少存入银行也是会得到活期存款收益的。因此复利法是更为科学的计算投资收益的方法。现代企业理财中，均是采用复利法进行投资决策的。

二、财务管理的风险价值

（一）风险及其类型

对大多数投资者而言，个人或企业当前投入资金是因为希望在未来会赚取更多的资金，即报酬。报酬可以用绝对数或相对数来表示。绝对数即赚取的资金额，报酬率即报酬额与投资额的比率。

人们一般从性质上把风险分为静态风险和动态风险两种。静态风险是指事件一旦发生只能产生损失而无获利可能的风险，其结果是损坏性的。动态风险是指未来结果与期望的偏离，其具有两面性，既有未来实际结果大于期望（经济上获利）的可能，又有未来实际结果小于期望（经济上受损）的可能。很多人习惯性地认为风险仅是指未来会产生损失，即认同静态风险，这种观点不适用于财务决策。财务活动的风险属于动态风险。风险是客观存在的，按风险的程度，可以把企业的财务决策分为以下三种类型。

第一，确定性决策。决策者对未来的情况是完全确定的或已知的，这种决策被称为确定性决策。

第二，风险性决策。决策者对未来的情况不能完全确定，但不确定性出现的可能性概率的具体分布是已知的或可以估计的，这种情况下的决策称为风险决策。

第三，不确定性决策。决策者不仅对未来的情况不能完全确定，而且对不确定性可能出现的概率也不清楚，这种情况下的决策称为不确定性决策。不确定性决策不是没有风险，而是风险更大。

从理论上讲，不确定性是无法计量的，但实务中，通常会主观估算一个概率，这样就与风险性决策类似了。投资者之所以愿意冒着风险进行投资是希望获得高于社会平均利润的报酬，如果投资高科技项目的期望报酬率与短期国库券一样，那么几乎没有投资者会愿意承担风险。

（二）风险报酬与风险投资决策

1. 风险报酬

风险报酬，是指投资者冒着风险进行投资而获得的报酬。风险报酬是因人而异的，它取决于投资者对风险的厌恶程度。风险厌恶程度高的投资者对同一风险要求的补偿比风险厌恶程度低的投资者要求的补偿高。

标准离差率只能正确反映投资项目风险程度的大小，还无法将风险与风险报酬结合起来。无论在理论上还是在实践上，都很难告诉投资者应该为多高风险要求多少收益补偿，只有投资者自己才能决定。

2. 风险投资决策

一般情况下，投资者决定投资一个风险项目的必要条件应是其可得到的风险报酬率大于或等于其要求的风险报酬率。此即为单个风险投资项目的决策原则。若投资者有多个风险投资项目可供选择，从单个角度来看是每个风险项目均是可取的，但只能在这些项目中选取一个进行投资，如果两个项目期望报酬率相同、标准差不同，理性投资者会选择标准差较小，即风险较小的那个。

类似地，如果两个项目具有相同风险，但期望报酬率不同，理性投资者会选择期望报酬率较高的项目。因为投资者都希望冒尽可能小的风险，而获得尽可能高的报酬。如果两个项目中，一项期望报酬率较高同时标准差较小，另一项期望报酬率较低同时标准差较高，则投资者当然会选择期望报酬率较高同时标准差较小的项目。如果两个项目中，一项期望报酬率较高同时标准差也较高，另一项期望报酬率较低同时标准差也低，则投资者只能根据自己的风险偏好来进行决策了。比较敢于冒风险的投资者往往选择前者，比较稳健或保守的公司常常会选择后者。

（三）投资组合风险与报酬

第一，系统性风险和非系统性风险。风险按其是否具有分散性还可以分为系统性风险和非系统性风险。

系统性风险是指那些对一定范围内所有企业产生影响的因素引起的风险。这类风险涉及一定范围内的所有投资对象，即使通过多角化投资也不能被分散掉，因此又被称为"不可分散风险"或"市场风险"。当然，这种风险对不同公司的影响程度会有所不同。非系统性风险是指个别企业的特有事件造成的风险。这类事件是随机发生的，非系统风险只影响一个或少数几个企业，而不会对整个市场产生太大的影响，可以通过多角化投资来分散（即发生于某一家公司的不利事件可以被其他公司的有利事件所抵消），因此又被称为"可分散风险""公司特有风险"。

系统风险与非系统风险的划分并非绝对的，其前提条件是在一定范围内。当范围扩大后，原本在某一定范围内的系统性风险有可能转化为非系统性风险；反之，非系统性风险有可能转化为系统性风险。

投资者进行投资时，一般不应把资金全部投资于某一个项目，应综合考虑各种投资方案的风险与收益的关系，寻求将风险分散的可能途径，这个可能途径就是投资组合。

第二，证券投资组合的报酬。证券投资组合是指同时投资于多种证券的方式。证券组合的报酬是指组合中单项证券报酬的加权平均值，权重为整个组合中投入各项证券的资金占投资总额的比重。

第三，证券投资组合的风险分散原理。证券投资组合的目的是分散风险，并不是说进行证券投资组合可以分散所有的风险。一方面，由于投资组合的系统性风险是对组合内的所有企业均产生影响的，只是产生影响的程度不一定相同。因此只能通过分散化投资消减一部分系统性风险，而不可能将其全部分散掉。另一方面，投资组合中各投资项目之间的相关性也对风险分散的效应产生影响。

事实上，多数股票的报酬都呈正相关关系，但并非完全正相关。平均而言，随机选择两只股票，其报酬的相关系数大约为0.6，且对多数股票来说，其报酬的两两相关系数在0.5~0.7之间。在此情况下，股票投资组合能降低风险，但不能完全消除风险。而如果股票种类较多，能分散掉大部分非系统性风险；组合中不同行业的证券个数达到约40个时，绝大多数非系统风险均已被消除掉。如果继续增加证券数目，对分散风险已经没有多大的实际意义，只能增加管理成本。

第四，证券投资组合的风险衡量。在有效的资本市场中，投资人是理智的，会选择充分的投资组合以分散非系统性风险，因此承担此风险没有回报（换句话说，市场不会给那些不必要的风险以回报）。因此在确定一项投资组合的风险报酬时，只考虑系统性风险的那部分。

第五，证券投资组合的风险报酬。投资者进行证券组合投资与进行单项投资一样，都要求对所承担的风险进行补偿，股票的风险越大，要求的报酬越高。但与单项投资不同，证券组合投资要求补偿的风险只是系统性风险，而不要求对可分散风险进行补偿。如果可分散风险的补偿存在，善于科学地进行投资组合的投资者将会购买这部分股票，并抬高其价格，其最后的报酬率只反映市场风险。因此，证券组合的风险报酬率是投资者因承担不可分散风险而要求的、超过时间价值的那部分额外报酬率。

第二章 财务管理的实践应用

第一节 财务管理的筹资与投资管理

一、筹资管理

筹资管理是企业财务管理的一项基本内容，筹资管理解决为什么要融资、需要筹集多少资金、以什么方式融资，以及如何根据财务风险和资本成本合理安排资本结构等问题。"资金的筹集和运用是企业财务管理的一项重要内容，它关系到企业的日常盈利及发展能力的高低。因此，探讨资金筹集中可能出现的问题并加以解决，对巩固企业的长远发展具有十分重要的现实意义。"[①]

（一）筹资管理基础

资金是企业设立、生存、发展的物质基础，是开展生产经营业务活动的基本前提。任何一个企业，为了形成生产经营能力、保证生产经营正常运行，必须持有一定数量的资金。企业筹资，指企业根据其生产经营、对外投资和调整资本结构的需要，通过筹资渠道和资本（金）市场，运用筹资方式，经济有效地筹集企业所需资本（金）的财务行为。

筹资活动是企业一项基本的财务活动，是企业创建和生存发展的一个必要条件。如企业的财务活动是以现金收支为主的资金流转活动，筹资活动是资金运转的起点。

1. 筹资管理的意义

（1）满足经营运转的资金需要。筹集资金作为企业资金周转运动的起点，决定着企业资金运动的规模和生产经营发展的程度。企业新建时，要按照企业战略所确定的生产经营规模核定长期资本需要量和流动资金需要量。在企业日常生产经营活动运行期间，需要持有一定数额的资金，以满足营业活动的正常波动需求。企业筹资管理，能为企业生产经营活动的正常开展提供财务保障。

---

①吴继良. 企业筹资管理中存在的问题及对策浅探［J］. 现代交际，2018（22）：120.

（2）满足投资发展的资金需要。企业在成长时期，往往因扩大生产经营规模或对外投资需要大量资金。企业生产经营规模的扩大有两种形式：①新建厂房、增加设备，这是外延式的扩大再生产；②引进技术、改进设备，提高固定资产的生产能力，培训工人提高劳动生产率，这是内涵式的扩大再生产。不管是外延的扩大再生产还是内涵的扩大再生产，都会发生扩张性的筹资动机。同时，企业由于战略发展和资本经营的需要，还会积极开拓有发展前途的投资领域，以联营投资、股权投资和债权投资等形式对外投资。经营规模扩张和对外产权投资，往往会产生大额的资金需求。企业筹资管理能为企业投资活动的正常开展提供财务保障。

（3）降低资本成本。资本成本是企业筹集和使用资金所付出的代价，包括资金筹集费用和使用费用。在资金筹集过程中，要发生股票发行费、借款手续费、证券印刷费、公证费、律师费等费用，这些属于资金筹集费用。在企业生产经营和对外投资活动中，要发生利息支出、股利支出、融资租赁的资金利息等费用，这些属于资金使用费用。

按不同方式取得的资金，其资本成本是不同的。债务资金比股权资金的资本成本要低，而且其资本成本在签订债务合同时就已确定，与企业的经营业绩和盈亏状况无关。即使同是债务资金，由于借款、债券和租赁的性质不同，其资本成本也有差异。企业筹资的资本成本，需要通过资金使用所取得的收益与报酬来补偿。资本成本的高低，决定了企业资金使用的最低投资报酬率要求。因此，企业在筹资管理中，要在权衡债务清偿财务风险的基础上，合理利用资本成本较低的资金种类，降低企业的资本成本率。

2. 筹资管理的原则

"资金是一个企业正常运转的前提条件，是一个企业扩大生产的前提，所以说只有确保资金流通的顺畅和资本的雄厚，才能让企业更上一层楼。"[1] 企业筹资管理的基本要求，是要在严格遵守国家法律法规的基础上，分析影响筹资的各种因素，权衡资金的性质、数量、成本和风险，合理选择筹资方式，提高筹资效果。

（1）筹措合法。不论是直接筹资还是间接筹资，企业最终都通过筹资行为向社会获取资金。企业的筹资活动不仅为自身的生产经营提供资金来源，也会影响投资者的经济利益，影响社会经济秩序。企业的筹资行为和筹资活动必须遵循国家的相关法律法规，依法履行法律法规和投资合同约定的责任，合法合规筹资，依法披露信息，维护各方的合法权益。

（2）来源经济。企业所筹集的资金都要付出资本成本的代价，进而给企业的资金使用提出了最低报酬要求。不同筹资渠道和方式所取得的资金，其资本成本各有差异。企业应当在考虑筹资难易程度的基础上，针对不同来源资金的成本，认真选择筹资渠道，并选择

---

①朱林. 企业筹资管理的问题及对策 [J]. 现代商贸工业，2018，39（18）：133.

经济可行的筹资方式，力求降低筹资成本。

（3）规模适当。企业筹集资金，先要合理预测确定资金的需要量。筹资规模与资金需要量应当匹配，既避免因筹资不足而影响生产经营的正常进行，又要防止筹资过多而造成资金闲置。

（4）结构合理。资本成本的降低，往往伴随着较大的财务风险。企业筹资要综合考虑股权资金与债务资金的关系、长期资金与短期资金的关系、内部筹资与外部筹资的关系，合理安排资金结构，保持适当偿债能力，防范企业财务危机。

（5）筹措及时。企业在筹集资金时，应根据资金需要量的具体情况，合理安排资金的筹集时间，适时获得适量资金。

（二）债务筹资

债务筹资形成企业的债务资金，债务资金是企业通过银行借款、向社会发行公司债券、融资租赁等方式筹集和取得的资金。银行借款、发行公司债券和融资租赁，是债务筹资的三种基本形式。

1. 银行借款

银行借款，是指企业向银行或其他非银行金融机构借入的、需要按期还本付息的款项，包括偿还期限超过1年的长期借款和不足1年的短期借款。前者主要用于企业购建固定资产；后者主要用于满足流动资金周转的需要。

银行借款的筹资特点如下。

（1）筹资速度快。与发行公司债券、融资租赁等债务筹资其他方式相比，银行借款的程序相对简单，所花时间较短，公司可以迅速获得所需资金。

（2）资本成本较低。利用银行借款筹资，一般都比发行债券和融资租赁的利息负担要低。而且，无须支付证券发行费用、租赁手续费用等筹资费用。

（3）筹资弹性较大。在借款之前，公司根据资本需求与银行等贷款机构直接商定贷款的时间、数量和条件。在借款期间，若公司的财务状况发生某些变化，也可与债权人再协商，变更借款数量、时间和条件，或提前偿还本息。因此，借款筹资对公司具有较大的灵活性，特别是短期借款更是如此。

（4）限制条款多。与发行公司债券相比较，银行借款合同对借款用途有明确规定，通过借款的保护性条款，对公司资本支出额度、再筹资、股利支付等行为有严格的约束，以后公司的生产经营活动和财务政策必将受到一定程度的影响。

（5）筹资数额有限。银行借款的数额往往受到贷款机构资本实力的制约，难以像发行公司债券、股票那样一次筹集到大笔资金，无法满足公司大规模筹资的需要。

2. 发行公司债券

公司债券又称企业债券，是企业依照法定程序发行的、约定在一定期限内还本付息的有价证券。债券是持券人拥有公司债权的书面证书，它代表债券持券人与发债公司之间的债权债务关系。

发行公司债券的筹资特点如下。

（1）一次筹资数额大。利用发行公司债券筹资，能筹集大额的资金，满足公司大规模筹资的需要。这与银行借款、融资租赁等债务筹资方式相比，是企业选择发行公司债券筹资的主要原因，大额筹资能适应大型公司经营规模的需要。

（2）使用限制条件少。与银行借款相比，发行债券募集的资金在使用上具有相对灵活性和自主性。特别是发行债券所筹集的大额资金，能用于流动性较差的公司长期资产上。从资金使用的性质来看，银行借款一般期限短、额度小，主要用途为增加适量存货或增加小型设备等。反之，期限较长、额度较大，用于公司扩展、增加大型固定资产和基本建设投资的需求多采用发行债券方式筹资。

（3）资本成本负担较高。相对于银行借款筹资，发行债券的利息负担和筹资费用都比较高，而且债券不能像银行借款一样进行债务展期，加上大额的本金和较高的利息，在固定的到期日，将会对公司现金流量产生巨大的财务压力。不过，尽管公司债券的利息比银行借款高，但公司债券的期限长、利率相对固定。在预计市场利率持续上升的金融市场环境下，发行公司债券筹资，能锁定资本成本。

（4）提高公司的社会声誉。公司债券的发行主体，有严格的资格限制。发行公司债券，往往是股份有限公司和有实力的有限责任公司所为。通过发行公司债券，一方面筹集了大量资金，另一方面也扩大了公司的社会影响。

3. 融资租赁

租赁是指通过签订资产出让合同的方式，使用资产的一方（承租方）通过支付租金，向出让资产的一方（出租方）取得资产使用权的一种交易行为。在这项交易中，承租方通过得到所需资产的使用权，完成筹集资金的行为。

融资租赁的筹资特点如下。

（1）无须大量资金就能迅速获得资产。在资金缺乏的情况下，融资租赁能迅速获得所需资产。融资租赁集"融资"与"融物"于一身，融资租赁使企业在资金短缺的情况下引进设备成为可能。特别是针对中小企业、新创企业而言，融资租赁是一条重要的融资途径。大型企业的大型设备、工具等固定资产，也经常通过融资租赁的方式解决巨额资金的需要，例如，商业航空公司的飞机，可以通过融资租赁取得。

（2）财务风险小，财务优势明显。融资租赁与购买的一次性支出相比，能避免一次性支付的负担，而且租金支出是未来的、分期的，企业无须一次筹集大量资金偿还。还款时，租金可以通过项目本身产生的收益来支付，是一种基于未来的筹资方式。

（3）筹资限制条件较少。企业运用股票、债券、长期借款等筹资方式，都会受到相当多的条件限制，例如，足够的抵押品、银行贷款的信用标准、发行债券的政府管制等。相比之下，融资租赁筹资的限制条件很少。

（4）能延长资金融通的期限。通常为购置设备而贷款的借款期限比该资产的物理寿命要短得多，而融资租赁的融资期限却可接近其全部使用寿命期限，并且其金额依据设备价款金额而定，无融资额度的限制。

（5）资本成本负担较高。融资租赁的租金通常比银行借款或发行债券所负担的利息高得多，租金总额通常要比设备价值高出30%。尽管与借款方式比，融资租赁能避免到期一次性集中偿还的财务压力，但高额的固定租金也给各期的经营带来了负担。

（三）股权筹资

股权筹资形成企业的股权资金，是企业最基本的筹资方式。吸收直接投资、发行普通股股票和利用留存收益，是股权筹资的三种基本形式。

1. 吸收直接投资

吸收直接投资，是指企业按照共同投资、共同经营、共担风险、共享收益的原则，直接吸收国家、法人、个人和外商投入资金的一种筹资方式。吸收直接投资是非股份制企业筹集权益资本的基本方式，采用吸收直接投资的企业，资本部分为等额股份、无须公开发行股票。吸收直接投资的实际出资额中，注册资本部分，形成实收资本；超过注册资本的部分，属于资本溢价，形成资本公积。吸收直接投资的特点如下。

（1）能尽快形成生产能力。吸收直接投资不仅可以取得一部分货币资金，而且能直接获得所需的先进设备和技术，尽快形成生产经营能力。

（2）容易进行信息沟通。吸收直接投资的投资者比较单一，股权没有社会化、分散化，投资者甚至于直接担任公司管理层职务，公司与投资者易于沟通。

（3）资本成本较高。相对于股票筹资方式来说，吸收直接投资的资本成本较高。当企业经营较好，盈利较多时，投资者往往要求将大部分盈余作为红利分配，因为向投资者支付的报酬是按其出资数额和企业实现利润的比率来计算的。不过，吸收直接投资的手续相对比较简便，筹资费用较低。

（4）公司控制权集中。采用吸收直接投资方式筹资，投资者一般都要求获得与投资数额相适应的经营管理权。如果某个投资者的投资额比例较大，则该投资者对企业的经营管理就会有相当大的控制权，容易损害其他投资者的利益。

（5）不易进行产权交易。吸收投入资本由于没有证券为媒介，不利于产权交易，难以进行产权转让。产权交易，是指资产所有者将其资产所有权和经营权全部或者部分有偿转让的一种经济活动。产权交易具有限制性、复杂性、多样性、市场性等特征。

2. 发行普通股股票

股票是股份有限公司为筹措股权资本而发行的有价证券，是公司签发的证明股东持有公司股份的凭证。股票作为一种所有权凭证，代表着对发行公司净资产的所有权。股票只能由股份有限公司发行。发行普通股股票的筹资特点如下。

（1）两权分离，有利于公司自主经营管理。公司通过对外发行股票筹资，公司的所有权与经营权相分离，分散了公司控制权，有利于公司自主管理、自主经营。普通股筹资的股东众多，公司的日常经营管理事务主要由公司的董事会和经理层负责。但公司的控制权分散，公司也容易被经理人控制。

（2）资本成本较高，要求风险补偿大。由于股票投资的风险较大，收益具有不确定性，投资者就会要求较高的风险补偿。因此，股票筹资的资本成本较高。

（3）能增强公司的社会声誉，促进股权流通和转让。普通股筹资，股东的大众化，为公司带来了广泛的社会影响。特别是上市公司，其股票的流通性强，有利于市场确认公司的价值。普通股筹资以股票作为媒介，便于股权的流通和转让，便于吸收新的投资者。但是，流通性强的股票交易也容易在资本市场上被恶意收购。恶意收购指收购公司在未经目标公司董事会允许，不管对方是否同意所进行的收购活动。恶意收购者高价购买被收购对象公司的股票，然后重组公司高层管理人员，改变公司经营方针，并解雇大量员工。

（4）不易及时形成生产能力，须配套整合才可发挥效益。以普通股筹资吸收的一般都是货币资金，还需要通过购置和建造形成生产经营能力。相对吸收直接投资方式来说，不易及时形成生产能力。

3. 利用留存收益

留存收益是留存于企业内部、未对外分配的利润。留存收益的筹资途径包括提取盈余公积金、未分配利润。利用留存收益的筹资特点如下。

（1）不用发生筹资费用。与企业从外界筹集长期资金相比较，留存收益筹资不需要发生筹资费用，资本成本较低。

（2）维持公司的控制权分布。利用留存收益筹资，不用对外发行新股或吸收新投资者，由此增加的权益资本不会改变公司的股权结构，不会稀释原有股东的控制权。

（3）筹资数额有限。当期留存收益的最大数额是当期的净利润，不如外部筹资一次性可以筹到大量资金。如果企业发生亏损或盈亏平衡，当年就没有利润留存。同时，股东和投资者从自身期望出发，往往希望企业每年都能发放一定股利，保持稳定或增长的利润分配政策。

二、投资管理

"随着社会经济进入新阶段，全球面临着严重的能源危机，企业竞争日益呈现出白热化趋势，处于发展转型关键期的集团公司，能否保证项目稳定运行且资金正常周转，关键在于投资工作。"[①] 投资是指企业为了在未来取得收益而发生的投入资本的行为。投资活动是企业资金活动中最重要的工作之一，对企业的生存和发展有着极其重要的意义。企业投资的含义十分广泛，按照内容不同可分为项目投资、证券投资等投资类型。

（一）项目投资

项目投资是一种在特定的时间和空间范围以特定的项目为对象，直接参与新建项目或更新改造项目有关的长期投资行为。从性质上来看，它是企业直接的、生产性的对内实物投资，通常包括固定资产投资、无形资产投资、开办费投资和流动资产投资等。

1. 项目投资的特点

与其他形式的投资相比，项目投资具有以下特点。

（1）投资规定的严格性。项目投资在时间上具有明确的起点和终点，在空间上具有确切的地域范围，在计划安排上必须步骤严谨完善，实施项目投资所需要的各种资源是特定的，项目投资获取预期效益的目标应当确定无疑。

（2）投资的风险性。不确定因素贯穿于项目投资的整个寿命期，表现在各个不同的方面，其中有一些可以在一定程度上预测，而许多则无法预测，使项目的投资活动充满风险性。

（3）效益的综合性。项目投资效益不仅包括直接效益，还包括间接效益；不仅包括主要效益，还包括从属效益；不仅包括有形效益，还包括无形效益。要反映项目的技术、组织、管理、社会、市场、财务、国民经济和生态等诸方面的效益，应是社会效益、经济效益和生态效益的统一，具有明确的综合性特点。

（4）项目运行的周期性。任何项目投资都要经过连续的一系列过程，涉及项目的目标设想、选定、准备、谈判、执行及总结评价等阶段。在这一系列过程中，前一阶段构成后一阶段的基础和前提，后一阶段是前一阶段的延伸和扩展，最后一阶段又导致对新项目目标的设想。这种周而复始的过程构成了项目运行的周期性。

---

①李南叶．新时期企业投资管理策略的思考［J］．财经界，2022（33）：66．

2. 项目投资的种类

划分项目投资类型的方法很多，从不同角度研究会有不同的分类。一般来说，主要有以下四种。

（1）按项目投资规模划分，可分为大型项目投资、中型项目投资和小型项目投资。

（2）按项目投资的性质划分，可分为新建项目和更新改造项目。

（3）按所属行业划分，可分为工业项目和农业项目。

（4）按项目之间的关系划分，可分为独立项目投资和互斥项目投资。

3. 项目投资的管理方法

（1）项目投资的经济评价。项目投资的经济评价是指在完成市场需求预测、厂址及工艺技术选择等可行性研究的基础上，利用科学实用的特定经济参数和经济评价方法，对拟建项目从财务和国民经济两方面进行全面综合的分析，考察其经济上的可行性，预计经济效益，并进行多方案比较和风险分析的工作。

（2）项目投资的可行性研究。项目投资的经济评价与可行性研究具有密切的关系，可行性研究工作是对拟建项目在技术、工程、经济和外部协作条件下是否合理与可行进行全方位的分析、论证，做多方案比较，并推荐最佳方案的一项十分复杂的研究工作。从经济性研究的基本内容可以看出，项目投资的经济效益和社会效益的分析论证就是项目投资的经济评价的要求与内容。因此，项目投资的经济评价是项目可行性研究的基本内容之一。

4. 项目投资的程序

企业项目投资的程序主要包括以下步骤。

（1）提出项目投资的领域和对象。提出项目投资的领域和对象是项目投资程序的起点，是以企业的长远发展战略、中长期投资计划和投资环境的变化为基础，同时在把握良好投资机会的前提下，由企业管理当局或企业高层管理人员提出，或者由企业的各级管理部门和相关部门领导提出。

（2）评价投资方案的可行性。在评价投资项目的环境、市场、技术和生产可行性的基础上，通过计算项目的有关现金流量指标以及项目的有关评估指标（如净现值、内含报酬率等），对项目投资的财务可行性作出总体评价。

（3）投资方案的比较与选择。在财务可行性评价的基础上，对可供选择的多个投资方案进行比较和选择。

（4）投资方案的执行。投资方案的执行即投资行为的具体实施。

（5）投资方案再评价。在投资项目的执行过程中，应注意评价原来做出的投资决策是否合理、是否正确。一旦出现新的情况，就要随时根据变化的情况作出新的评价。如果情况发生重大变化，原来的投资决策变得不合理，那么，就要进行是否终止投资或怎样终止投资的决策，以避免更大的损失。

（二）证券投资

证券是指票面载有一定金额，代表财产所有权或债权，可以有偿转让的有价证券。它用以证明持有人有权依其所持凭证记载的内容而取得应有的权益。证券投资是指投资者（法人或自然人）购买股票、债券、基金等有价证券以及这些有价证券的衍生品以获取红利、利息及资本利得的投资行为和投资过程，是间接投资的重要形式。

1. 证券投资的种类

（1）债券投资。债券投资是企业将资金投入各种债券，如国库券、公司债券和短期融资券等。债券投资可以获取固定的利息收入，到期收回本金，也可以在市场买卖中赚取差价。

（2）股票投资。股票投资是投资者通过购买其他企业的股票作为投资，如普通股、优先股票等。股票投资的目的主要有两种：一是获利，即作为一般的证券投资，获取股利收入及股票买卖差价；二是控股，即利用购买某一企业的大量股票达到控制该企业的目的。

（3）基金投资。基金就是许多投资者将资金汇集，然后由基金公司的专家负责管理，用来投资于多家公司的股票或者债券。

（4）证券投资组合投资。证券投资组合投资是指投资者将资金同时投资于债券、股票等多种证券，这样可以分散证券投资风险。组合投资是投资者进行证券投资的常用投资方式。

2. 证券投资的特点

相对于其他投资而言，证券投资具有如下特点。

（1）证券投资属于金融投资。其投资者不直接参加实际的生产经营管理活动。

（2）证券投资的可行性不受资金限量的影响。一般来说，证券的基本单位很小，最大不过几十元或上百元。企业拥有多少资金都可以进行证券投资。

（3）证券投资的交易成本低。证券有着十分活跃的二级市场，与其他资产相比，其转让过程快速、成本低。

（4）流动性强。证券资产的流动性明显高于实物资产。

（5）证券投资风险大。证券仅是一种虚拟资本或价值符号，其价格体现了投资者对未来收益的预期，受政治、经济环境等各种客观因素和人为因素的影响较大，且没有相应的实物作保证，因而具有价值不稳定、投资风险大的特点。

3. 证券投资的基本程序

（1）选择投资对象。投资对象的选择是证券投资的第一步，它关系到投资的成败。企业和个人应根据自身的条件与能力选择适合自己投资的证券。例如，技术分析能力强的投资者，可选择价格变化比较活跃的证券；技术分析能力较差者，可选择价格波动比较小的证券。发生通货膨胀时，早期应选择与通货膨胀关联度较大的证券；国民经济滞胀或萧条时期，应侧重选择消费类证券，如食品、商业、旅游等证券。长期投资者看中成长性比较好的企业股票，短线投资者则注重选择当前价格趋势向好的股票。

（2）开户。投资者在进行证券买卖之前，首先要到证券登记公司开立证券账户和资金账户。证券账户用来记载投资者所持有的证券种类、数量和相应的变动情况；资金账户则用来记载和反映投资者买卖证券的货币收付和结存数额。开立证券账户和资金账户后，投资者买卖证券所涉及的证券、资金变化就会从相应的账户中得到反映。

（3）委托买卖。投资者需要通过经纪商的代理才能在证券交易所买卖证券。在这种情况下，投资者向经纪商下达买进或卖出证券的指令，称为委托。开户后，投资者就可以在证券营业部办理证券委托买卖。选好具体要买卖的证券并决定价格后，就可以进行委托买卖。根据买卖证券的方向，有买进委托和卖出委托。

（4）成交。成交按照一定的竞争规则进行，其核心内容是价格优先、时间优先原则。价格优先原则是在买进证券时，以较高的买进价格申报，优先买入；卖出证券时，以较低的卖出价格申报，优先卖出。时间优先原则即同价位申报，按照申报时序决定优先顺序。

（5）清算与交割。清算是指证券买卖双方在证券交易所进行的证券买卖成交之后，通过证券交易所将证券代理商之间买卖的数量和金额分别予以抵销，计算应收、应付证券和应付股金差额的一种程序。证券清算后，即办理交割程序。所谓交割，就是买卖双方的买方交钱、卖方交货的过程。目前的证券交易多采用计算机网络系统，所以证券交割的时间都很短。目前，中国股市买方当天还不能卖出买来的股票，但卖出股票获得的价款当天可以使用。

（6）过户。过户是把卖方的证券归属到买方户头上的法律行为。这和房屋买卖是一样的道理。只有完成过户手续，买卖过程才算最终结束，买方才能成为新股东，享有所有者应有的权利。

第二节　财务管理的营运资金管理

一、营运资金的认知

营运资金是指企业在再产生过程中占用在流动资产上的资金，又称营运资本。营运资金有广义和狭义之分：广义的营运资金是指企业流动资产的总额；狭义的营运资金是指流动资产与流动负债之间的差额，也称净营运资金。营运资金管理在企业的日常财务管理活动中具有举足轻重的地位，既包括对流动资金的管理，也包括对流动负债的管理。

（一）营运资金的特点

第一，短期性。企业占用在流动资产上的资金，周转一次所需时间较短，通常会在一年或一个营业周期内收回，对企业影响的时间比较短。

第二，易变性。短期投资、应收账款、存货等流动资产一般具有较强的变现能力，如果遇到意外情况，企业出现资金周转不灵、现金短缺时，便可迅速变卖这些资产，以获取现金。

第三，波动性。流动资产的数量会随企业内外条件的变化而变化，时高时低，波动很大。季节性企业如此，非季节性企业也如此。随着流动资产数量的变动，流动负债的数量也会相应发生变动。

第四，变动性。企业营运资金的实物形态是经常变化的，一般在现金、材料、在产品、产成品、应收账款以及现金之间不断循环转化。

第五，多样性。企业筹集长期资金的方式一般比较少，只有吸收直接投资、发行债券、银行长期借款等方式。而企业筹集营运资金的方式灵活多样，通常有银行短期借款、短期融资券、商业信用、应缴税金、应缴利润、应付工资、应付费用、预收货款以及票据贴现等。

（二）营运资金管理的意义

营运资金的管理既包括对流动资产的管理，也包括对流动负债的管理。从有效管理的角度出发，企业需持有一定数量的营运资金为基础从事生产经营活动。因为在商业信用发达的条件下，企业的流动资产转化为现金，构成现金流入之源；企业偿还流动负债需支付现金，构成现金流出之源。虽然流动资产各项目的流动性不尽相同，但相对来说，持有流动资产越多，企业的偿债能力就越强。

企业需持有一定数量的营运资金的另一个原因是现金的流入量与流出量不一定同时发生且发生的金额具有不确定性，大多数企业的现金流入与现金流出无法在时间上相互匹配，因此保持一定的营运资金，以备偿付到期债务和当期费用，对保证企业的正常营运具有重要意义。

(三) 营运资金管理的原则

企业的营运资金在全部资金中占有相当大的比重，而且周转期短，形态易变，所以是企业财务管理工作的一项重要内容。实证表明，财务经理的大量时间都用于营运资金的管理。企业进行营运资金管理，必须遵循以下四个原则。

第一，在兼顾收益、成本与风险的前提下，合理确定营运资金的需要数量。企业营运资金的需要数量与企业生产经营活动有直接关系，当企业产销两旺时，流动资产不断增加，流动负债也会相应增加；而企业产销不断减少时，流动资产和流动负债也会相应减少。

第二，在满足生产经营需要的前提下，节约使用资金。在营运资金管理中，必须正确处理保证生产经营需要和节约合理使用资金两者之间的关系。要在保证生产经营需要的前提下，遵守勤俭节约的原则，挖掘资金潜力，精打细算地使用资金。

第三，加速营运资金周转，提高资金的利用效率。营运资金周转是指企业的营运资金从现金投入生产经营活动开始，到最终转化为现金的过程。在其他因素不变的情况下，加速营运资金的周转，也就相应地提高了资金的利用效率。因此，企业要千方百计地加速存货、应收账款等流动资产的周转，以便用有限的资金取得最优的经济效益。

第四，合理安排流动资产与流动负债，保证企业的短期偿债能力。流动资产、流动负债以及两者之间的关系能较好地反映企业的短期偿债能力。流动负债是在短期内需要偿还的债务，而流动资产则是在短期内可以转化为现金的资产。一般来说，企业的流动资产与流动负债的比率为 2：1 比较合理。

二、现金管理

货币资金是指企业拥有的在生产经营过程中处于货币形态、可随时使用的那部分资金，包括库存现金、银行存款、其他货币资金等。库存现金是流动性最强的资产，可以用来满足生产经营开支的各种需要，也是还本付息和履行纳税义务的重要保证。拥有足够的库存现金对降低企业的风险，增加企业资产的流动性和负债的可清偿性有重要的意义。企业必须合理确定库存现金的持有量，使库存现金的收支不但在数量上，而且在时间上相互衔接，在保证企业经营活动所需现金的同时，尽量减少企业闲置的现金数量，反映资金收益率。

（一）持有现金的动机

第一，交易性需要。交易性需要是指日常经营活动的现金支付需要。企业为了组织日常生产经营活动，必须保持一定数额的现金余额，用于购买原材料、支付工资、缴纳税款、偿付到期债务、分发现金股利等。企业经常取得收入，也经常发生支出，两者不可能同步同量。因此，保留一定的现金余额可在企业支出大于现金收入时，不致中断交易，业务活动能正常地进行下去。

第二，预防性需求。预防性需求是指库存现金用于发生意外时的支付。市场行情的瞬息万变和其他各种不确定因素的存在，使企业通常难以对未来现金流入量与流出量做出准确的估计和预测，一旦企业对未来现金流量的预期与实际情况发生偏离，必然对企业的正常经营秩序产生极为不利的影响。因此，在正常业务活动现金需求量的基础上，追加一定数量的现金余额，以应付未来现金流入和流出的随机波动，是在确定必要现金持有量时应当考虑的因素。

第三，投机性需求。投机性需求是指库存现金用于不寻常的购买机会，例如，当原材料或其他资产即将涨价时，可用留存现金大量购入；利用证券市场价大幅度跌落购入有价证券，以期在价格反弹时卖出证券获取高额资本利得等。其持有量的大小往往与企业在金融市场的投资机会及企业对待风险的态度有关。

（二）持有现金的成本

第一，机会成本。持有现金就意味着失去了将现金投资到其他方面，从而获得投资收益的机会，这种有可能获得的收益就是持有现金的机会成本。机会成本与现金持有量的多少成正比例关系。

第二，管理成本。由于现金是一项流动性很强的资产，企业持有现金就要对现金的安全负责，就会发生一定的管理费用。一般来说，管理成本不会随着现金持有量的变化而变化，是相对固定的一项成本。

第三，转换成本。转换成本是指企业用现金购买和出售持有的有价证券所付出的交易费用，如委托买卖佣金、委托手续费、证券过户费等。一般而言，转换成本与转换次数有关，持有现金余额越高，转移次数越少，它所负担的转换成本也越少。

第四，短缺成本。短缺成本是指因持有现金不足而影响正常的现金开支时，导致企业受损或付出的代价。现金的短缺成本随着持有量的增加而降低，随着持有量的减少而上升。

现金持有成本与现金持有量的大小分别呈不同方向的变化，实际现金持有成本最小的管理就是寻求在各成本之和最小时的现金持有量，即最佳现金持有量。

（三）最佳现金持有量的确定

最佳现金持有量是指在正常情况下，能保证企业生产经营的最低限度需要的现金持有量，即持有这一数额的现金对企业最有利。现金最佳持有量一般与企业现金需求量、现金需求量的可预测性、有价证券的利率、有价证券的变现能力强弱及现金与有价证券的兑换费用等因素直接相关。企业可在对这些因素进行逐一分析的基础上，选用一定数量模型加以计算，确定最佳现金持有量。确定最佳现金持有量常用的方法包括如下四种。

第一，现金周转模式。现金周转期是从现金投入生产经营开始到最终转化为现金的过程。该模式简单明了，但是这种方法假设材料采购与产品销售产生的现金流量在数量上一致，企业的生产经营过程在一年中持续稳定地进行，即现金需要和现金供应不存在不确定的因素，如果以上假设条件不存在，则求得的最佳现金量将发生偏差。

第二，存货模式。存货模式基本原理是将企业现金持有量和短期有价证券联系起来，并考虑现金持有量的相关成本，在成本总额最低时的现金余额就是最佳现金持有量。由于把现金持有量和长期有价证券联系起来，因此在现金的持有成本中可以不考虑现金短缺成本和现金管理成本。存货模式可以精确地测算出最佳现金持有量和变现次数，表述了现金管理中基本的成本结构，它对加强企业的现金管理有一定作用。但是在上述因素比较确定的情况下才能使用此种方法。

第三，成本分析模式。成本分析模式的基本思路就是寻求与持有现金相关的成本，然后再找出相关总成本最低时所对应的现金持有量。与企业持有现金相关的成本有机会成本、管理成本和短缺成本，它们之和构成了企业持有现金的总成本。

第四，随机模式。随机模式是在现金流量呈无规则变动的情况下，确定最佳现金持有量的一种方法。因为在实际工作中，企业的现金需求量很难准确预知，但企业可以根据历史经验和现金需求，测算出一个现金持有量的控制范围，即制定出现金持有量的上限和下限，将现金持有量控制在上下限之内。随机模式建立在企业的现金未来需求总量和收支不可预测的前提下，因此计算出来的现金持有量比较保守。

（四）现金的日常管理

如果企业缺乏必要的货币资金，将不能应付业务开支，从而使企业蒙受损失。从收益性方面而言，企业应尽可能减少库存现金，即使不将其投入本企业的经营周转，也应尽可能地多投资能生产高收益的其他资产，以避免资金闲置或用于低收益资产而带来损失。因此，企业现金管理要求在资产的流动性和盈利能力之间做出抉择，以获得最大长期利润。

企业提高现金管理效率的方法主要是加速现金回收、推迟现金支付和力争现金流入与现金流出同步，为此企业应当注意做好以下工作。

第一，力争现金流量同步。现金流量同步是指企业能尽量使现金流入与现金流出发生的时间趋于一致，这样可以使其所持有的交易性现金余额降到最低水平。

第二，加速现金回收。应收账款的发生是必要的，它可以扩大销售规模，增加销售收入，但同时也增加了对企业资金的占有。为了提高现金的使用效率，加速现金周转，企业应尽量加速收款，在不影响未来销售的情况下，尽可能地加快现金的收回。如果现金折扣在经济上可行，应尽量采用，以加速账款的收回。企业加速收款的任务不仅是要尽量使顾客早付款，而且要尽快地使这项付款转化为可用现金。为此，必须满足三个要求：①减少顾客付款的邮寄时间；②减少企业收到顾客开来的支票与支票兑现的时间；③加速资金存入自己往来银行的过程。

第三，延迟现金支付。与现金收入的管理任务相反，现金支出管理的主要任务是尽可能延缓现金的支出时间。这种延缓必须是合理合法的，否则企业每一项支付账款所得到的收益将远远低于由此遭受的损失。延期支付账款的方法一般包括：合理利用现金浮游量、推迟支付应付款、使用支票付款和改进工资支付方式。

三、应收账款管理

应收账款是企业因对外销售商品、材料、提供劳务等应向购货单位或接受劳务单位收取的款项。在市场竞争日趋激烈的情况下，赊账是一种促进销售的主要手段，提供商业信用，采取赊账、分期付款等销售方式，可以扩大销售、增加利润。但应收账款的增加，也会造成资金成本、坏账损失等费用的增加。应收账款管理的基本目标，就是在充分发挥应收账款功能的基础上，降低应收账款投资的成本，使提供商业信用、扩大销售所增加的收益大于有关的各项费用。

（一）应收账款的功能与成本

1. 应收账款的功能

应收账款主要有扩大销售、减少存货两方面的功能。

（1）扩大销售。目前，企业对外销售主要是现销，现销就是一手交钱，一手交货，即现金流入与货物流出是同一时间，这是一种理想的销售方式。在市场竞争日益激烈、买方市场占主导条件的环境下，企业为了扩大销售，提高市场份额，往往会在一定条件下给予客户赊销。赊销不但使顾客在未付款的情况下提前拥有和使用该商品，还会让顾客在赊销期内无偿占有企业的资金，对购货方来说有百利而无一害；但对销售方而言，则是在增加销售的同时增加了应收账款的成本。

（2）减少存货。应收账款的增加意味着存货的减少，增加销售可以减少存货在企业仓库的停留时间和停留数量，不仅能减少存货的管理成本、储存成本和保险成本，还降低了资金的占用时间，加速了存货周转速度。因此，企业在存货较多的情况下，可以通过赊销方式，增加销售，减少存货停留在企业的各项支出。

2. 应收账款的成本

持有应收账款是要付出一定代价的，应收账款成本主要有机会成本、管理成本、坏账成本。

（1）机会成本。应收账款的机会成本，是指因资金投放在应收账款上而丧失的其他收入。应收账款的机会成本取决于两个因素：维持赊销业务所需资金（即应收账款投资额）和资金成本率（一般可按有价证券利息计算）。

（2）管理成本。应收账款的管理成本，是指对应收账款进行日常管理而耗费的开支，主要包括对客户的资信调查费用、收账费用等。管理成本中主要考虑收账费用，赊销额越大，应收账款越多，收账费用越高。

（3）坏账成本。应收账款的产生基于客户的信誉。在赊销期，出于各种原因，客户信誉可能发生变化，导致应收账款有无法收回的可能。这部分无法收回的应收账款给企业带来的损失就是销货企业的坏账。一般来说，赊销期越长，发生坏账的可能性就越大；赊销数量越大，应收账款越多，坏账成本就越高。

（二）应收账款的管理目标

应收账款的管理目标，是要制定科学合理的应收账款信用政策，并在这种信用政策所增加的销售盈利和采用这种政策预计要担负的成本之间做出权衡。只有当所增加的销售盈利超过运用此政策所增加的成本时，才能实施和推行使用这种信用政策。同时，应收账款管理还包括对小企业未来销售前景和市场情况的预测和判断，以及对应收账款安全性的调查。如果小企业销售前景良好，应收账款安全性高，则可进一步放宽其收款信用政策，扩大赊销量，获取更大利润。相反，则应严格其信用政策，或对不同客户的信用程度进行适当调整，确保小企业在获取最大收入的情况下，又使可能的损失降到最低。

小企业应收账款管理的重点，就是根据小企业的实际经营状况和客户的信誉情况制定小企业合理的信用政策，这是小企业财务管理的一个重要组成部分，也是小企业为达到应收账款管理目的必须合理制定的方针策略。

应收账款管理工作要做得好，最重要的是要制定科学合理的应收账款信用政策。

（三）应收账款的日常控制

企业要做好应收账款的日常控制工作，进行信用调查和信用评价，以确定是否同意顾客赊欠货款，当顾客违反信用条件时，还要做好账款催收工作。

1. 企业信用调查

对顾客的信用进行评价是应收账款日常管理的重要内容。只有正确地评价顾客的信用状况，才能合理地执行企业的信用政策。要想合理地评价顾客的信用，必须对顾客信用进行调查，收集有关的信息资料。信用调查有直接调查与间接调查。

（1）直接调查。直接调查，是指调查人员与被调查单位接触，通过当面采访、询问、观看、记录等方式获取信用资料的一种方法。直接调查能保证搜集资料的准确性和及时性，但若不能得到被调查单位的合作，则会使调查资料不完整。

（2）间接调查。间接调查，是以被调查单位以及其他单位保存的有关原始记录和核算资料为基础，通过加工整理获得被调查单位信用资料的一种方法。这些资料主要来源于四个方面：①被调查单位的财务报表，通过单位的财务报表，基本上能掌握一个企业的财务状况。财务报表是信用资料的重要来源。②信用评估机构。许多国家都有信用评估的专门机构，定期发布有关企业的信用等级报告。专业的信用评估机构具有评估方法先进、评估调查细致、评估程序合理的优势，可信度较高。③银行。银行也是信用资料的一个重要来源，因为许多银行都设有信用部，可以通过向当地的开户行征询来获得被调查单位的有关信用资料。④其他。在调查时也可以向工商管理部门、财税部门、消费者协会和证券交易部门等征询。

2. 企业信用评估

收集好信用资料后，要对这些资料进行分析，并对顾客的信用状况进行评估。信用评估的方法很多，5C 评估法和信用评分法是比较常见的方法。

（1）5C 评估法。5C 评估法，是指重点分析影响信用的品德、能力、资本、抵押品和条件五个方面的一种方法。

（2）信用评分法。信用评分法，是指先对一系列财务比率和信用情况指标进行评分，然后进行加权平均，得出顾客综合的信用分数，并以此进行信用评估的一种方法。

3. 收款的日常管理

收款是企业应收账款管理的一项重要工作。收账管理包括如下两部分内容。

（1）确定合理的收账程序。催收账款的程序一般是：信函通知、电话催收、派员面谈和法律行动。当顾客拖欠账款时，要先有礼貌地用信函通知，接着可以寄出一封措辞直率的信件，进一步则可通过电话催收。如果再无效，企业收账员可直接与顾客面谈，协商解决；如果谈判不成，可以交给企业的律师采用法律行动。

（2）确定合理的讨债方法。顾客拖欠货款的原因有很多，但概括起来，可以分为两类：无力偿付和故意拖欠。因此，应根据具体情况确定合理的处理方法。对无力偿付的情况，企业要进行具体分析。如果确定顾客只是遇到暂时的困难，经过努力可以东山再起，企业应帮助顾客渡过难关，这样才能收回更多的账款；如果顾客遇到严重的困难，已经达到破产界限，无法再恢复活力，则应及时向法院起诉，以期在破产清算时得到债权的部分清偿。

四、存货管理

存货是指企业在生产经营过程中为销售或者耗费而储备的各种资产，包括商品、产成品、半成品、在产品，以及各种材料、燃料、包装物和低值易耗品等。由于存货经常处于不断销售、重置和耗用的过程中，因此具有鲜明的流动性。企业持有充足的存货，不仅有利于生产的顺利进行，节约采购费用与生产时间，而且能快速满足客户的各种订货需要，从而为企业的生产与销售提供较大的机动性，避免因存货不足带来的机会损失。然而，存货的增加必然会占用更多的资金，使企业付出更大的持有成本（存货的基本成本），而且存货的储存与管理费用也会增加，影响企业获得能力的提高。因此，如何在存货的功能与成本之间权衡利弊，在充分发挥存货功能的同时降低成本，增加收益，实现它们的最佳组合，已经成为存货管理的基本目标。

按储存的目的不同，存货可划分为销售存货、生产存货和杂项存货。销售存货是指企业在生产经营过程中处于待销售过程中的商品或产成品。生产存货是指企业用于生产和销售耗用的材料、燃料、外购零部件及正处于生产加工过程中的在产品。杂项存货是指企业供近期使用的库存实物用品、运输用品等，这类存货耗用通常直接记入销售费用或管理费用。

按存放地点不同，存货可划分为库存存货、在途存货和委托加工存货。库存存货是指已经运达企业，并已验收入库的各种材料和商品，以及已验收入库的自制半成品和产成品。在途存货是指货款已经支付，尚未验收入库，正在运输途中的各种材料和产品。委托加工存货是委托外单位加工的各种材料和半成品。

（一）存货的功能

进行存货管理的主要目的是控制存货水平，在充分发挥存货功能的基础上，降低存货成本。存货功能是指存货在生产经营过程中的作用，主要有以下三个方面。

（1）保险库存，防止生产销售中断。连续生产的企业，其产、供、销在数量和时间上，难以保持绝对平衡，如果没有一定的存货，一旦某个环节出现问题，就会影响到企业的正常生产和销售。例如，材料供应商没有及时发货，运输途中出现的意外事故，所供货物数量、质量与需求不符等，任何方面出现异常现象，企业便要停工待料，难以保证生产的连续进行。

（2）效益性库存，提高企业盈利水平。成批地购进原料，既可以获得价格上的优惠，又可以减少采购和管理费用，降低采购成本，提高利润。

（3）投机性库存，获取意外收益。当市场上产品价格变化不定时，就会出现对价格涨落时的机会。原材料方面，一次偶然的大降价，或季节的临时跌价，会使企业在购货时获得价差收益（与正常购买价格相比）；当预计原材料价格会大幅上涨时，企业提前购置这些材料可以获得差价收益。产品方面，某些产品的最终产品可能会有若干变化，当收到一个特殊的订单以后，可按其要求将所储存的半成品加工成产品，从而获得一部分利润。然而，正常的存货水平是不包括这些投机性存货的，生产企业通常也不会为投机而储存货物，但是管理部门还是应该考虑价格的变动，根据价格变动进行库存调整。

（二）存货管理的目标

企业持有存货的原因：一方面是为了保证生产或销售的经营需要，另一方面是出自价格的考虑，零购物资的价格往往较高，而整购买在价格上有优惠。但是，过多地存货要占用较多资金，并且会增加包括仓储费、保险费、维护费、管理人员工资在内的各项开支，因此，存货管理的目标，就是在保证生产或销售经营需要的前提下，最大限度地降低存货成本。具体包括以下五个方面。

1. 保证生产正常进行

生产过程中需要的原材料和在产品，是生产的物质保证，为保障生产的正常进行，必须储备一定量的原材料，否则可能造成生产中断、停工待料的现象。尽管当前部分企业的存货管理已经实现计算机自动化管理，但要实现存货为零的目标实属不易。

2. 有利于销售

一定数量的存货储备能增加企业在生产和销售方面的机动性和适应市场变化的能力。当企业市场需求量增加时，若产品储备不足，就有可能失去销售良机，所以保持一定量的存货是有利于市场销售的。

3. 便于维持均衡生产，降低产品成本

有些企业产品属于季节性产品或者需求波动较大的产品，此时若根据需求状况组织生产，则生产能力可能有时得不到充分利用，有时又超负荷生产，这会造成产品成本的上升。为了降低生产成本，实现均衡生产，就要储备一定的产成品存货，并相应地保持一定的材料存货。

4. 降低存货取得成本

一般情况下，当企业进行采购时，进货总成本与采购物资的单价和采购次数有密切关系。而许多供应商为鼓励客户多购买其产品，往往在客户采购量达到一定数量时，给予价格折扣，所以企业通过大批量集中进货，既可以享受价格折扣，降低购置成本，也因减少订货次数，降低了订货成本，使总的进货成本降低。

5. 防止意外事件的发生

企业在采购、运输、生产和销售过程中，都可能发生意料之外的事故，保持必要的存货保险储备，可以避免和减少意外事件造成的损失。

（三）存货的日常管理

1. 材料控制

对材料的控制实际是指对材料所占用资金的控制。材料占用资金包括从采购到生产整个过程中所占用的资金。因此，为了节约使用材料资金，应做好以下工作。

（1）编制采购计划，控制采购限度。材料既要满足生产经营的需要，又要尽量节约材料类费用，防止超储积压。为此，应制订合理的材料采购年度计划，在年度计划的基础上，编好季度和月度采购计划。

（2）材料储存的控制。材料储存，是指材料在入库至投入生产之前，在仓库的储备保管。对运达的材料，要严格进行品种、质量和数量的验收，如发现问题，要及时报告，尽量将存货中发现的问题解决在货款承付之前，以避免采购资金的不必要积压；对入库的材料，要进行科学的管理，保证材料质量好、数量清。定期组织清查，积极处理超储积压物质。仓库管理员按永续盘存制的要求，做好材料收发及登记工作，定期组织有关人员对材料进行清查，达到账卡相符，对产生的超储积压物质，要及时处理，以减少资金占用。

（3）材料耗用的控制。控制材料的耗用有利于降低资金占用和产品成本。企业应根据生产工艺要求制定每一产品、每一部件消耗材料的定额及本期生产任务和材料消耗定额，确定材料消耗量计划。当生产工艺发生变化时，要及时修订定额，修改消耗量计划，控制生产部门按消费定额领用材料。要按内部控制的要求，严格材料的领用手续，供应部门要按定额消耗量控制生产部门的领用量，如需超额领料，要办理追加手续，经批准后方可领用。

2. 生产控制

生产阶段存货的控制主要是对在产品、自制半成品的控制，包括投产时间和投产批量的控制、生产成套性和均衡性的控制以及在产品实物库存管理的控制。

（1）投产时间和投产品的控制。选择合理的投产期和投产批量，既是为了保证生产经营活动的正常运行，也是为了防止在产品、半成品的超储积压。在考虑投产时间时，应根据生产计划、销售合同和生产周期，先计算出产品产出时间，再确定投产时间。如果产品的生产要经过多个车间，还应考虑车间之间的衔接，并提前若干时间。

（2）生产成套性、均衡性的控制。生产成套性、均衡性的控制不仅影响半成品的库存量，而且会影响半成品成本的升降。企业成套性、均衡性的控制主要是通过制订生产计划、计算生产周期、控制投产期和产出期及确定投产批量等途径实现的。

（3）半成品库存的管理。企业应严格半成品的进出库手续，控制半成品的进出手续，控制半成品的储备量，注意各零部件的配套性，如发现问题，应及时和生产计划部门联系并加以调整。

3. 成品控制

企业除应做好成品库存的安全、完整控制以外，销售部门还应该及时掌握产成品的库存动态，并经常与销售计划和销售合同核对，检查产成品限额和成品计划占用额的执行情况，如发现产成品积压，应及时分析原因，采取处理措施。

企业要根据年度销售计划和已签订的销售合同与生产部门紧密配合，及时组织生产和发运。同时，要经常核对销售款项的收回情况，及时催收清理，加速资金周转。

第三节　财务管理的收益分配管理

一、利润管理

（一）利润与目标利润

利润是指企业在一定会计期间的经营成果。利润包括收入减去费用后的净额、直接计入当期利润的利得与损失等，因此，当期利润总额取决于该期间收入和费用、直接计入当期利润的利得与损失金额的大小。

目标利润是指企业在未来一段期间内，通过企业经营管理应该达到的利润控制目标。目标利润是企业未来经营必须考虑的重要战略目标之一。目标利润预测是指企业在运用定量预测分析的基础上，通过对产品销售量、销售单价和产品成本以及其他对利润产生影响的因素的分析和研究，对企业在未来某一时期可以实现利润的预计和预算。正确的目标利润预测可以为企业未来经营建立合理的利润目标，以便企业按利润目标对企业经营效果进行考核和分析。

（二）利润的作用

企业利润来自企业的生产经营活动，在缴纳企业所得税后，最终的净利润归属于企业股东。因此企业加强利润管理，不断提高企业的利润水平，无论是对企业股东还是对国家，都具有重大的经济意义。

第一，利润是企业实现财务目标的基础。一般认为，企业财务管理的目标是企业价值最大化，而企业价值最大化要达到利润与风险的最佳组合匹配。企业只有实现足够的利润，才能使企业债权人和股东的利益得到保障。利润是一项综合性很强的指标，企业经营管理的质量、市场开拓能力、成本费用的开支以及各种财务风险最终都会在企业利润上体现出来，因而利润也是对企业作出评价的最重要的指标之一。

第二，利润是国家财政收入的重要来源之一。作为国民经济的基本单位，企业有义务将其实现的利润在国家和企业之间进行分配，也就是说，企业要依法向国家缴纳所得税。由于所得税具有强制性、无偿性和固定性等特点，因此构成了国家财政收入的重要来源之一。

第三，利润是衡量企业生产经营水平的一项综合性指标。利润从构成内容看，概括了企业的全部生产经营工作范围。因此，利润的多少反映了企业生产经营水平的高低。企业获得的利润越多，说明企业管理者经营管理越有方，生产经营活动中的消耗少，产品成本低，质量好，产品适销对路。

第四，利润是企业扩大再生产的资金保障。企业资金的来源是多方面的，其中利润是一项重要的资金来源。企业要扩大生产经营规模、提高生产技术，主要依靠企业自身的内部积累。这不仅能给企业带来更多的利润，也有利于提高企业的安全性。

（三）利润的形成

利润的形成包括营业收入、营业利润、利润总额、净利润等一系列过程。

1. 营业收入

营业收入是指企业在从事销售商品、提供劳务和让渡资产使用权等日常经营业务过程中所形成的经济利益总流入。营业收入包括主营业务收入和其他业务收入。

主营业务收入是指企业从事某种主要生产和经营活动所取得的营业收入。

其他业务收入是指企业从事除主营业务收入以外的其他业务所取得的收入，包括材料销售、技术转让、固定资产出租和周转材料出租等形成的非工业性劳务收入。

2. 营业利润

营业利润是指企业在一定时期从事生产经营活动所产生的利润。它是企业利润总额的主体，是企业营业收入扣除营业成本、费用和各项相关税金等支出后的余额。

营业成本是指企业根据收入准则确认销售商品、提供劳务等主营业务收入和其他业务收入时应结转的成本和其他经营活动发生的成本，包括主营业务成本和其他业务成本。

营业税金及附加是指企业经营活动发生的营业税、消费税、城市维护建设税、资源税和教育费附加等相关税费。

销售费用是指企业销售商品和材料、提供劳务的过程中发生的各种费用。

管理费用是指企业为组织和管理企业生产经营所发生的管理费用。

财务费用是指企业在生产经营过程中为筹集资金而发生的各种费用。

资产减值损失是指企业根据资产减值等准则计提各项资产减值准备所形成的损失。

公允价值变动损益是指各项资产由于公允价值变动所发生的损益。

投资净收益是指企业对外投资所取得的收益或发生的损失。

3. 利润总额

利润总额是指企业在一定时期所有活动所取得的经营成果。从整个社会来看，利润是社会再生产的重要资金来源；从企业来看，利润是企业生存与发展的必要条件，也是评价企业生产经营状况的一个重要指标。

4. 净利润

净利润，又叫税后利润，是指企业利润总额减去所得税费用之后的金额。

（四）利润的分配

利润分配是企业按照国家有关法律、法规及企业章程的规定，在兼顾股东与债权人等其他利益相关者的利益关系基础上，将实现的利润在企业与企业所有者之间、企业内部的有关项目之间、企业所有者之间进行分配的活动。利润分配决策是股东当前利益与企业未来发展之间权衡的结果，将引起企业的资金存量与股东权益规模及结构的变化，也将对企业内部的筹资活动和投资活动产生影响。

1. 利润分配的原则

利润分配是一项十分重要的工作，它不仅会影响公司的筹资决策、投资决策和投资各方的利益，而且会影响公司的资金流转。因此，妥善处理好企业内外各利益主体之间的关系，以及企业收益分配与内部短期发展和长远发展之间的辩证关系，确保公司的健康发展，显得尤为重要。进行利润分配时应遵循以下原则。

（1）依法分配原则。企业的利润分配必须依法进行。为规范企业的利润分配行为，国家制定和颁布了相关法规。这些法规规定了企业利润分配的基本原则、一般程序和重大比例，企业应认真贯彻执行，不得违反。

（2）兼顾各方面利益原则。应统筹兼顾，合理安排。企业税后利润分配是否合理，直接关系到企业投资者、经营者和职工等各方面的经济利益。投资者作为资本投入者、企业所有者，依法享有对利润的分配权。净利润归投资者所有，是企业的基本制度，也是投资者投资于企业的根本动力所在。同时，企业经营得如何，在很大程度上还取决于经营者的经营策略以及全体职工的辛勤工作。职工除获得薪酬等劳动报酬外，还应以适当方式参与净利润的分配。

（3）分配与积累并重原则。要正确处理长期利益和近期利益这两者的关系，坚持分配与积累并重。企业除按规定提取法定盈余公积金以外，可适当留存一部分利润作为积累，这部分未分配利润仍归企业所有者所有。这部分积累的净利润不仅可以为企业扩大生产筹措资金，增强企业发展能力和抵抗风险的能力，同时，还可以供未来年度进行分配，做到以盈补亏、平抑利润分配数额波动、稳定投资报酬率的作用。当然，过分强调积累而忽视分配，这种做法也是不可取的。因此，制定科学的股利政策，应留有余地，使利润真正成为促进企业发展的有利手段。

（4）投资与收益对等原则。企业分配利润应当体现"谁投资谁收益"的原则，收益大小与投资比例相适应，即投资与收益对等。这是正确处理投资者利益关系的关键。投资者因其投资行为而享有收益权，并同其投资的比例相适应。这就要求企业在向投资者分配利润时，应本着平等一致的原则，按照各方投入资本的多少来进行，绝不允许发生任何一方随意多分多占的现象。只有这样，才能从根本上保护投资者的利益，增强投资者的积极性。

（5）资本保全原则。资本保全原则是现代企业制度的基础性原则之一，企业在分配中不能侵蚀资本。利润的分配是对经营中资本增值额的分配，不是对资本金的返还。按照这一原则，一般情况下，企业如果存在尚未弥补的亏损，应首先弥补亏损，再进行其他分配。

2. 利润分配的影响因素

企业管理者在制订利润分配方案时，有来自主观和客观方面的制约因素，使决策者只能遵循当时的经济环境与法律环境做出有限的选择。影响企业利润分配政策的因素主要体现在以下六个方面。

（1）盈余的稳定性。企业的盈余是企业利润分配政策的重要基础，一般而言，盈余稳定的企业能较好地把握自己，有可能支付比盈余不稳定的企业更高的股利；而盈余不稳定的企业一般则采取低股利政策，这样可以减少因盈余下降而造成的股利无法支付、股价急剧下降的风险，还可将更多的盈余再投资，以提高企业权益资本比重，减少财务风险。

（2）资本积累约束。企业在取得投资收益时，必须按照一定的比例和基数提取各种公积金。当企业年度出现亏损时，一般不得分配利润，必须是先弥补亏损后再进行分配，而且要保留一定数额的留存收益。

（3）偿债能力。偿债能力是规定企业在分配股利时，必须保持充分的偿债能力。企业对外负债时，债权人为了保护自身债权的安全性和收益性，对企业发放股利或投资分红做了一些限制，主要包括：规定每股股利的最高限额；规定企业只有在达到一定财务比率（如流动比率、利息保障倍数等）才可以发放股利；规定企业必须建立偿债基金后，方可支付股利等。企业在进行利润分配时，不能只看利润表上净利润额的大小，还必须关注资产负债表上现金结余的情况。当企业支付现金股利后影响到企业偿还债务和正常经营时，企业发放现金股利的数额就会受到限制。

（4）未来投资机会。对有着良好投资机会的企业，需要有强大的资金支持，往往会少发股利，而将大部分盈余用于投资；而对缺乏良好投资机会的企业，保留大量现金会导致资金闲置，于是倾向于支付较高的股利。正因为如此，处于成长中的企业多采取低股利政策；而陷于经营收缩的企业多采取高股利政策。

（5）控制权的稀释。企业的所有者权益由资本金、资本公积金和留存收益组成。如果分配利润较多，留存收益就会相应减少，企业将来依靠发行股票等方式筹资的可能性加大，而发行新股意味着企业控制权有改变的可能。因此，如果原投资者拿不出更多的资金投入企业或购买公司的新股，企业宁愿不分派利润，也要反对追加投资、募集新股。

（6）股东的意见。在制定利润分配政策时，股东的意见非常重要，因股东从自身出发，对利润分配政策会产生不同的影响。通常对以依赖企业发放的现金股利维持生活的股东来说，他们要求企业能定期支付稳定的股利，比如一些退休者，反对企业留利过多。同时，按我国税法规定，股东从企业分得股息和红利，应按20%的税率缴纳个人所得税，因此，对一些高收入阶层的股东而言，出于避税的考虑，往往反对企业发放过多的现金股利，对他们而言，股票价格上涨获得的收益比分得股息、红利更具吸引力。

二、股利分配

股利分配是指公司制企业向股东分派股利，是企业利润分配中最重要的一部分。除了法定盈余公积和公益金之外，其他的利润分配项目企业都可自主安排，它们之间是此增彼减的关系，比如任意盈余公积多了，股利就少了。企业究竟用多少盈余发放股利，多少盈余为企业所留用，这是财务管理必须研究的重要问题，因为它可能对企业股票价格产生影响。

（一）股利政策

股利政策是指企业在法律允许的范围内，由企业自主决定是否发放股利、发放股利的数量和发放股利的时间等一系列关于股利发放的问题。企业实现的各种盈余既可以股利的形式发放给股东，也可以留存在企业内部。股利政策的关键问题是如何确定股利分配和留存的比例。通常可供企业选择的股利政策有以下四种类型。

1. 剩余股利政策

剩余股利政策是股利无关论在股利政策实务上的具体应用，在股利无关论的观点下，股利政策不会对公司的股票价格产生任何影响，所以企业在有较好的投资机会时，可以少分配甚至不分配股利，而将留用利润用于再投资。

剩余股利政策主张，企业净利润首先用于满足投资需求，然后若有剩余才用于分配股利。也就是说，在企业有良好的投资机会时，根据一定的目标资本结构（最佳资本结构），测算出投资所需的权益资本，先从盈余中留用，若有剩余盈余，再分配股利。采用剩余股利政策时，应遵循以下四个步骤。

（1）设定目标资本结构，即确定权益资本与债务资本的最佳比率，在此资本结构下，综合资本成本应达到最低水平。

（2）确定最佳目标资本结构下投资所需的权益资本数额。

（3）尽量利用保留盈余来满足投资所需增加的权益资本数额。

（4）投资方案所需固定权益数额已经满足后若有剩余，再将其剩余部分作为股利分配给股东。

剩余股利政策的优点在于：企业当年实现的净利润首先保证企业新投资项目的资金需要，从而有助于降低新投资项目的资金成本，保持最佳的资本结构，实现企业价值的长期最大化。

2. 固定或稳定增长股利政策

固定或稳定增长股利政策是股利相关论在股利政策实务上的具体应用。根据股利相关论的观点，股利政策会对股票价格产生较大影响，股利的发放是向投资者传递有关公司经营状况的某种信息。所谓固定或稳定增长的股利政策，是指企业将每年派发的股利固定在某一特定水平上，并在较长的时期内保持不变，只有当企业认为未来盈余会显著地、不可逆转地增长时，才提高年度的股利发放额。另外，在通货膨胀的情况下，大多数企业的利润会随之提高，且大多数的投资者也希望企业能提供足以抵销通货膨胀不利影响的股利。因此，在长期通货膨胀的情况下，也应提高股利发放额。

固定或稳定增长股利政策的优点是，固定或稳定增长的股利支付向市场传递着正常发展的信息，有利于树立企业的良好形象，增强投资者对企业的信心，稳定股票价格；稳定的股利支付，有利于投资者安排收入与支出，可以吸引依靠股利维持生活以及不愿意冒风险的股东。即使推迟某些投资方案或者暂时偏离目标资本结构，也可能要比降低股利或降低股利增长率更为有利。

3. 固定股利支付率政策

固定股利支付率政策是指企业在设立之初就确定固定的股利支付率，并长期按此比率从净利润中进行股利分配的政策。在这一股利政策下，各年股利随企业经营的好坏而上下波动，获得较多盈余的年份，股东领取的股利较高；获得盈余较少的年份，股东领取的股利就较少。在固定股利支付率政策下，能使股利与企业盈余紧密结合，体现了多盈多分、少盈少分、不盈不分的原则。只有维持固定的股利支付率，企业才算公平地对待了每一位股东。但股利通常被认为是企业未来前途的信息来源，这样做将对企业的股票价格产生不利影响。该股利政策能使股利支付与企业盈利密切相关，股利随经营业绩的变动而变动，体现了股权投资的风险性。

4. 低正常股利加额外股利政策

低正常股利加额外股利政策是指在一般情况下，企业按一个固定的、较低的数额向股东支付正常股利，当企业经营盈利有较大的增加时，再根据实际需要，向股东临时发放一些额外股利。但是，额外支付的股利并不固定，并不意味着企业永久地提高了原来规定好的较低的股利。低正常股利加额外股利政策是一种折中的股利政策，有利于稳定性与灵活性的结合，因而为许多企业所采用。

低正常股利加额外股利政策可以使企业的股利分配有较大的灵活性，当企业的盈余有较大幅度增加时，则可适度增发股利，将经济繁荣的部分利益分配给股东，使他们增强对公司的信心，这有利于稳定股票的价格。当企业的盈余较少或投资需要较多资金时，可维持较低的但正常的股利水平，不会增大企业的财务压力，同时又能保证股东稳定的股利收入，可避免股价下跌的风险。

（二）股利支付的程序与方式

1. 股利支付的程序

股份公司分配股利须遵循法定的程序，先由董事会提出股利分配预案，然后提交股东大会决议，经股东大会决议通过后，确定股利支付方案，并确定股权登记日、除息（或除权）日和股利支付日等。

（1）股利宣告日。股利宣告日就是股东大会决议通过利润分配预案并由董事会宣告发放股利的日期。在公告中将宣布每股应支付的股利、股权登记日、除息日以及股利支付日。我国的股份公司通常一年派发一次股利，也有在年中派发中期股利的。在宣布分配方案的同时，要公布股权登记日、除息除权日和股利发放日（股利支付日）。

（2）股权登记日。股权登记日是有权取得本期股利的股东资格登记截止日期，也称为除权日。由于股票可以在证券市场上自由买卖、交易，因此公司的股东经常变动。为了明确具体的股利发放对象，公司必须规定股权登记日。只有在股权登记日前在公司股东名册上有名的股东，才有权分享股利。而在股权登记日之后登记在册的股东，即使在股利发放之前取得的股票，也无权领取本次分配的股利。

（3）除息除权日。除息除权日是指除去交易中的股票领取本次分配的股利权利的日期，即领取股利的权利与股票分开的日期。在除息除权日之前购买的股票才能领取本次股利，而在除息除权日当天或是以后购买的股票，则不能领取本次股利。除息日对股票的价格有明显的影响，在除息日之前的股票价格中包含了本次股利，在除息日之后的股票价格中不再包含本次股利，所以股票价格会下跌，下跌的幅度约等于每股分派的现金股利。股权登记日后的第一个交易日就是除息除权日。这一天或以后购入该上市公司股票的股东，不再享有该上市公司此次宣布发放的股利。

（4）股利支付日。股利支付日是上市公司按照公布的股利分配方案向股权登记日在册的股东实际支付股利的日期。即在这一天，公司可以通过各种方式将股利支付给股东，也可以通过中央清算登记系统直接记到股东账户，由股东向其证券代理商领取。

2. 股利支付的方式

股份公司分配股利的形式一般有现金股利、股票股利、财产股利和负债股利，其中最为常见的是现金股利和股票股利。

（1）现金股利。现金股利是股份公司以现金形式支付的股利。是股利支付的最常见的形式，也是投资者最易接受的方式。发放现金股利的多少主要取决于公司的股利政策和经营业绩。

发放现金股利必备两个条件：①要有足够多的现金；②要有足够多的累计盈余（特殊情况下可用弥补亏损后的盈余公积金支付）。

公司发放现金股利主要出于三个原因：投资者偏好、减少代理成本和传递公司的未来信息。但必须注意，有的股东不愿意公司多发放现金股利，而现金股利的发放会对股票价格产生直接影响，在股票除息日之后，由于每股净资产的减少，股票价格会下降。

（2）股票股利。股票股利是指应分给股东的股利以额外增发股票的形式来发放。一般按股东的持股比例以认购股票或增配新股的方式进行。股票股利不会改变公司股东权益总额，但会改变股东权益的构成。公司往往是发行新股时无偿增资配股，股东以不缴纳任何现金与实物的形式取得公司发行的股票（即俗称的"送股"），所以不会导致企业资产的流出或者负债的增加，同时，由于股票股利不是对企业资金的使用，所以也不会因此而增加企业的财产。但是股票股利会增加流通在外的股票数量，降低股票的每股价值。

（3）财产股利。财产股利是股份公司以现金之外的其他资产支付的股利，又称实物股利。主要是以公司所拥有的其他企业的有价证券，如债券、股票等作为股利发放给股东。主要有三种形式：①以公司以前所发行的公司债券或优先股分派给股东；②以不属于该公司的证券分派给股东；③将商品实物分派给股东。美国的很多股权公司，常将其附属公司的普通股分派给原股权公司的股东。

（4）负债股利。负债股利是股份公司以表示债权的凭证支付的股利，主要是以公司的应付票据支付给股东，在不得已的情况下，也可发行公司债券抵付股利。公司账面上所反映的"应付股利"账户不是负债股利。由于货币时间价值的道理，公司通常以应付票据的负债形式来界定延期支付股利的责任。股东因手中持有带息的期票，补偿了股利没有即期支付的货币时间价值，公司则因此而承受了相应的利息支付压力。所以，只有在公司必须支付股利而现金又不充足的特定情况下，才选择采用这种股利支付办法。它与财产股利的区别是：财产股利是以其他公司的债券作为股利发放给股东；负债股利是以本公司的债券作为股利发放给股东。

三、股票分割与股票回购

（一）股票分割

股票分割又称拆股，是公司将面额较高的股票交换成面额较低股票的行为。例如，将原来的一股股票交换成两股新股票。股票分割不影响公司的资产、负债和股东权益，包括对其总额与具体构成均不产生影响，但会引起股票股数增加，每股面值降低，并因此引起每股收益和每股市价下降，而总市值保持不变。尽管股票分割不直接增加股东财富，也不增加公司价值，但对股东与公司都有特殊意义。

1. 股票分割对股东的意义

（1）股票分割后股东持有的股数增加，如果股票分割后每股股利的下降幅度小于股票分割的幅度，则股东可以得到更多的现金股利。

（2）股票分割向社会传播的有利信息和降低了的股价，可能导致购买该股票的投资者增加，反使其价格上升，增加股东财富。

2. 股票分割对公司的意义

(1) 股票分割可以降低每股市价（由于总价值不变，故是一种相对降低），从而吸引更多的投资者。

(2) 股票分割往往会向社会传递公司将会继续发展的信息，从而提高投资者对公司的信心，在一定程度上会稳定股票价格。

(3) 在企业并购时，如果并购企业先进行股票分割，将并购企业的股价降下来，可提高并购中的股票交换率（被并购企业股价与并购企业股价的比率），使被并购方在心理上更容易接受。

(二) 股票回购

股票回购是指上市公司从股票市场上购回本公司一定数量的发行在外股票。公司在股票回购完成后，可以将所回购的股票注销，也可以将回购的股票作为"库存股"保留，以便以后发售，但不参与每股收益的计算和收益分配。

1. 股票回购的种类

股票回购按其目的分类，有两种基本类型。

(1) 红利替代型。股票回购使发行在外的股数减少，会立即提高每股收益，进而导致股价上涨，由资本利得代替现金股利，所以股票回购也被认为是支付股利的方式之一。红利替代型的股票回购，其所需资金应来源于公司的经营盈余。

(2) 战略回购型。战略回购型是根据公司的长远战略目标需要而进行的回购。战略回购的规模较大，公司不仅需要动用现金储备，而且往往需要大规模举债，或出售部分资产或子公司以筹集股票回购所需的现金，所以，在短期内会使公司的资本结构发生实质性调整。

2. 股票回购的动机

在证券市场上，股票回购的动机主要有以下四点。

(1) 巩固既定控股权或转移公司控股权。公司的控股大股东为了保证其控股权不被改变，往往通过公司或关联公司进行股票回购，减少公司总股数，相对提高控股大股东的控股比例。有的公司法定代表人不是最大的股东，这些法定代表人为了能在公司中实现自己的意志，往往通过向大股东回购股票的方式削弱或改变其控股权。

(2) 稳定或提高公司股价。过低的股价会降低人们对公司的信心，进而影响公司的产品销售市场与融资市场。为了改变这一现状，公司可以在股票市场上回购自己的股票，减少总股数，提高每股收益，进而提高每股市价。但这只是一时的现象，如果公司不能提高净资产收益率，会导致第二年每股收益下降，进而引起股价下跌。

（3）改善资本结构。当公司的权益乘数太低时，无法充分利用财务杠杆的作用。为了提高权益乘数，除了可以增加负债之外，还可以通过回购股票的方式减少股东权益，相对增加负债比例，以改善资本结构。

（4）分配企业的超额现金。当公司有多余的现金而又无良好的投资机会时，公司应当将这些多余的现金按最佳资本结构的比例偿还债务和回购股票，以维持最佳资本结构。

第三章 财务分析与财务报表分析

第一节 财务分析的内容与方法

财务报表能全面反映企业的财务状况、经营成果和现金流量情况，但单纯从财务报表上的数据看还不能直接或全面说明企业的财务状况，特别是不能说明企业经营状况的好坏和经营成果的高低，只有将企业的财务指标与有关数据进行比较，才能说明企业财务状况所处的地位，所以，进行财务分析十分必要。

财务分析，是通过收集、整理企业财务会计报告中的有关数据，并结合其他有关补充信息，采用专门方法，对企业的财务状况、经营成果和现金流量情况进行综合比较和评价，为财务会计报告使用者提供管理决策和控制依据的一项管理工作。

一、财务分析的内容

（一）能力分析

1. 偿债能力分析

偿债能力指偿还到期债务的能力。发生债务融资的项目，不仅要看能不能盈利，还要看能不能如期偿还到期债务。进行偿债能力分析要编制借款还本付息表和资产负债表，在进行偿债能力分析时，应事先确定债务资金的相关信息，如借款金额、借款利率、计息方式、还款方式、宽限条件等，然后通过财务比率，分析项目的偿债能力。

财务比率主要有两种：一是短期偿债能力比率，二是长期偿债能力比率。

（1）短期偿债能力是指偿还流动负债的能力。在资产负债表中，流动负债与流动资产形成一种对应关系。因此，可以通过分析流动负债与流动资产的关系来判断短期偿债能力。流动负债包括短期借款、交易性金融负债、应付及预收款项、各种应交税费等，用资产负债表中的期末流动负债总额表示；流动资产包括货币资金、交易性金融资产、应收及预付款项等，用资产负债表中的期末流动资产总额表示。分析短期偿债能力的比率主要有：流动比率、速动比率、现金比率、现金流量比率。

（2）长期偿债能力是指偿还长期负债的能力。长期负债主要有长期借款、长期应付款、预计负债等。分析评价长期偿债能力，可以了解企业的偿债能力和财务风险状况。评价长期偿债能力的比率有：资产负债率、产权比率、有形净值债务率等。可以比较最近年份的上述指标，来判断企业偿债能力的变化趋势，也可以比较企业与同行的上述财务比率，判断企业偿债能力的强弱。

2. 营运能力分析

营运能力反映企业的资金周转，资金周转好，说明资金利用效率高，进而说明企业的经营状况好。可以通过产品销售情况与资金占用量来分析资金周转状况，从而评价营运能力。评价营运能力的比率有应收账款周转率、流动资产周转率、总资产周转率等。

应收账款周转率反映企业的应收账款的周转速度，说明应收账款的流动性的强弱程度；流动资产周转率分析流动资产周转情况，流动资产周转的快慢，反映流动资金的节约程度，反映资金的利用效率。

3. 盈利能力分析

盈利能力是指获取利润的能力。在对企业盈利能力进行分析评价时，一般只分析企业正常经营活动的盈利能力，不涉及非正常经营活动。因为非正常经营活动不是持续性和经常性的，评价起来并不科学。

评价盈利能力的财务比率主要有资产报酬率、股东权益报酬率、销售净利率、每股利润、每股现金流量等。

资产报酬率又分为资产息税前利润率和资产净利率等。资产息税前利润率反映企业利用经济资源赚取报酬的能力，反映企业利用全部资产的效率。只要企业的资产息税前利润率大于负债利息率，企业才有足够的收益用于支付债务利息。由此，资产息税前利润率可以评价企业的盈利能力和偿债能力。

4. 发展能力分析

发展能力主要指增长能力，如规模和盈利增长、竞争力增强等。财务比率有销售增长率、资产增长率等。销售增长率反映营业收入变化，是企业成长性和竞争力的指标，该比率说明企业营业收入的成长性好坏和发展能力强弱。资产增长率用来衡量企业的发展能力，资产增长率的高低，说明企业资产规模增长的速度快慢和竞争力的强弱。

（二）趋势分析

趋势分析指通过连续分析企业多年报表，评价企业的财务变化走势，以此预测企业以后的财务状况和发展趋势。趋势分析的方法主要有以下四个方面。

1. 报表比较

通过分析报表中数据的变化幅度和原因，判断企业财务的发展趋势。采用的财务报表期数越多，可靠性则越高。同时，也要注意各期数据的可比性。

2. 百分比报表比较

报表比较是比较报表中的数据，百分比报表比较是比较各百分比的变化，以此来预计财务状况的发展趋势。这种方法在前者的基础上发展而来，可以更加直观地反映企业的发展趋势。同时，这种方法可以纵向比较，即与自己不同时期比较，也可以进行横向比较，即进行同行比较。

3. 比率比较

比率比较是指连续多年的财务比率对比，来预测企业财务状况的发展趋势。这种方法更加直观地反映企业的财务状况的发展趋势。

4. 图解法比较

图解法比较是将多期财务数据或财务比率绘制成图，依据图形走势来预测财务状况的发展趋势。这种方法能比较容易地发现一些其他方法不易发现的问题。

（三）综合分析

要对企业的财务状况和经营成果作出系统完整的评价，就必须对各类财务指标进行全面分析，这就是财务综合分析。常用的综合分析法有以下两种。

1. 财务比率综合评分法

财务比率综合评分法是指对选定的财务比率进行评分，计算出综合得分，据此评价企业的综合财务状况。程序如下。

（1）选定财务比率。财务比率要求具有全面、代表和一致的特性。

（2）确定财务比率评分值。根据财务比率的重要程度，确定其评分值。

（3）确定评分值上下限。这是为了避免个别财务比率的异常而造成不合理的影响。

（4）确定财务比率标准值。可以参照行业的平均水平。

（5）计算关系比率。即财务比率实际值与标准值的比。

（6）计算财务比率的实际分值。是关系比率和评分值的乘积，实际分值的合计数就是财务状况的综合得分。如果得分在 100 分附近，说明财务状况良好；如果远小于 100 分，说明财务状况较差；如果远大于 100 分，说明财务状况理想。

财务比率综合评分法可以比较全面地分析综合财务状况，但不能反映财务状况之间的关系。而只有掌握企业的财务状况内部各因素之间的关系，才能真正了解财务状况的全貌。杜邦分析法则可以解决这个问题。

2. 杜邦分析法

杜邦分析法使用主要的财务比率之间的关系来综合分析财务状况。杜邦分析法利用的几种主要财务比率关系具体如下：

$$股东权益报酬率 = 资产净利率 \times 平均权益乘数$$

$$资产净利率 = 销售净利率 \times 总资产周转率$$

$$销售净利率 = 净利润 - 销售收入$$

$$总资产周转率 = 销售收入 + 资产平均总额$$

杜邦分析法提示的财务状况之间的关系有：①股东权益报酬率是一个综合性和代表性极强的财务比率，是杜邦分析法的核心；②资产净利率也是一个综合性极强的财务比率，它反映了企业的生产经营活动的效率；③销售净利率反映了企业净利润和销售收入的关系；④要发现资产管理方面是否存在问题，就要分析资产结构是否合理，分析资产周转情况。

二、财务分析的方法

（一）比较分析法

比较分析法，是通过对比两期或连续数期财务报告中的相同指标，确定其增减变动的方向、数额和幅度，来说明企业财务状况或经营成果变动趋势的一种方法。采用这种方法，可以分析引起变化的主要原因、变动的性质，并预测企业未来的发展趋势。

比较分析法的具体运用主要有重要财务指标的比较、会计报表的比较和会计报表项目构成的比较三种方式。

1. 重要财务指标的比较

重要财务指标的比较是指将不同时期财务报告中的相同指标或比率进行纵向比较，直接观察其增减变动情况及变动幅度，考察其发展趋势，预测其发展前景。不同时期财务指标的比较主要有以下两种方法。

（1）定基动态比率，是以某一时期的数额为固定的基期数额而计算出来的动态比率。其计算公式为：

$$定基动态比率 = \frac{分析期数额}{固定基期数额} \times 100\%$$

（2）环比动态比率，是以每一分析期的数据与上期数据相比较计算出来的动态比率。其计算公式为：

$$环比动态比率 = \frac{分析期数额}{前期数据} \times 100\%$$

2. 会计报表的比较

会计报表的比较是指将连续数期的会计报表的金额并列起来，比较各指标不同期间的增减变动金额和幅度，据以判断企业财务状况和经营成果发展变化的一种方法。具体包括资产负债表比较、利润表比较和现金流量表比较等。

3. 会计报表项目构成的比较

会计报表项目构成的比较是在会计报表比较的基础上发展而来的，是以会计报表中的某个总体指标作为100%，再计算出各组成项目占该总体指标的百分比，从而比较各个项目百分比的增减变动，以此来判断有关财务活动的变化趋势。同时，应当注意以下问题。

（1）用于对比的各个时期的指标，其计算口径必须保持一致。

（2）应剔除偶发性项目的影响，使分析所利用的数据能反映正常的生产经营状况。

（3）应运用例外原则对某项有显著变动的指标作重点分析，研究其产生的原因，以便采取对策，趋利避害。

（二）比率分析法

比率分析法是通过计算各种比率指标来确定财务活动变动程度的方法。比率指标的类型主要有构成比率、效率比率和相关比率三类。

1. 构成比率

构成比率，又称结构比率，是某项财务指标的各组成部分数值占总体数值的百分比，反映部分与总体的关系。利用构成比率，可以考察总体中某个部分的形成和安排是否合理，以便协调各项财务活动。其计算公式为：

$$构成比率 = \frac{某个组成部分数值}{总体数值} \times 100\%$$

比如，企业资产中流动资产、固定资产和无形资产占资产总额的百分比（资产构成比率），企业负债中流动负债和长期负债占负债总额的百分比（负债构成比率）等。利用构成比率，可以考察总体中某个部分的形成和安排是否合理，以便协调各项财务活动。

2. 效率比率

效率比率，是某项财务活动中所花费与所取得的比率，反映投入与产出的关系。利用效率比率指标，可以进行得失比较，考察经营成果，评价经济效益。

比如，将利润项目与销售成本、销售收入、资本金等项目加以对比，可以计算出成本利润率、销售利润率和资本金利润率指标，从不同角度观察比较企业获利能力的高低及其增减变化情况。

3. 相关比率

相关比率，是以某个项目和与其有关但又不同的项目加以对比所得的比率，反映有关经济活动的相互关系。利用相关比率指标，可以考察企业相互关联的业务安排得是否合理，以保障经营活动顺畅进行。

比如，将流动资产与流动负债进行对比，计算出流动比率，可以判断企业的短期偿债能力，将负债总额与资产总额进行对比，可以判断企业长期偿债能力。同时，应当注意这些方面：①对比项目的相关性；②对比口径的一致性；③衡量标准的科学性。

（三）因素分析法

因素分析法是依据分析指标与其影响因素的关系，从数量上确定各因素对分析指标的影响方向和影响程度的一种方法。

因素分析法具体有两种：连环替代法和差额分析法。

1. 连环替代法

连环替代法，是将分析指标分解为各个可以计量的因素，并根据各个因素之间的依存关系，顺次用各因素的比较值（通常为实际值）替代基准值（通常为标准值或计划值），据以测定各因素对分析指标的影响。

2. 差额分析法

差额分析法是连环替代法的一种简化形式，是利用各个因素的比较值与基准值之间的差额，来计算各因素对分析指标的影响。

第二节 财务分析的程序与财务报表的编制

一、财务分析的程序

"随着我国经济的不断发展，企业越来越重视财务的分析程序，并且也将分析结果用于企业决策的参考中。"[①] 财务分析的基本程序亦称财务分析的一般方法，是指进行财务

---

①徐敏炎．试论现代财务分析程序与方法体系的重构［J］．赤峰学院学报（自然科学版），2015，31（15）：154.

分析所应遵循的一般规程。研究财务分析程序是进行财务分析的基础与关键，它为开展财务分析工作、掌握财务分析技术指明了方向。

现有的多种财务分析程序在收集财务分析信息、分析财务信息、得出财务分析结论等步骤上是基本一致的，其区别主要体现在具体分析环节或细节上。根据其基本程序将财务分析分为以下四个步骤。

（一）明确分析目标，制订分析计划

进行财务分析，必须先要明确为什么进行财务分析，只有明确了财务分析的目的，才能有效地收集整理信息，选择正确的分析方法，得出正确的分析结论。

财务分析目标从财务分析信息的需要者角度来说，可分为信用分析、经营决策分析、投资分析和税务分析等目标。信用分析的目标在于分析企业的偿债能力和支付能力；经营决策分析的目标是为企业产品、生产结构和发展战略方面的重大调整服务；投资分析的目标在于分析投资资金的安全性和获利性；税务分析的目标主要在于分析企业的收入与支出状况。企业应根据分析期间的分析目标确定进行财务分析的范围和问题，制订财务分析计划，规定分析的目的要求、分析工作的组织分工，确定采取的分析形式与分析程序，安排分析，工作的进度和确定分析资料的种类和来源等。财务分析工作应按计划进行，但在实际分析过程中可以根据具体情况进行修改、补充。

（二）收集数据资料，确定分析对象

财务分析信息是财务分析的基础，信息收集的及时性、完整性、准确性，对财务分析的正确性有着直接的影响。财务分析的信息收集整理应根据分析的目的和计划进行。为了全面分析企业财务活动、正确评价企业的经营绩效，分析者应完整地收集、整理分析资料。财务分析的一般数据资料包括：宏观经济形势信息；行业情况信息；企业内部数据，如企业市场占有率、企业的销售政策与措施、产品的品种等。信息的收集可通过查找资料、专题调研、座谈会或有关会议等多种渠道来完成。收集、整理分析资料后，分析者还必须认真检查、核实分析资料，只有真实可靠的分析资料才能保证分析工作的质量。分析者检查核算资料应根据资料的来源和类别采用适当的方法进行，重点在于检查、分析资料的真实性和合法性。在此基础上，分析者通过对资料数据的研究和比较，形成分析目标，确定分析对象。

（三）选定分析方法，测算因素影响

根据分析指标的性质及其指标之间的相互联系，财务分析的方法可分为比较分析法、比率分析法、因素分析法、现金流量分析法、图解分析法等。分析者选定合适的分析方法后，应寻找指标变动的因素，并测算各因素变动对财务指标变动的影响，以便根据计算结果分清主次，区别利弊，这是财务分析工作的中心环节。

（四）评价分析结果，提出管理建议

财务分析综合评价是财务分析实施的继续。它具体又可分解为以下四个步骤。

第一，根据财务分析目标和内容，评价收集的资料，寻找数据之间的因果关系。

第二，结合本企业的特点和历年状况解释形成现状的原因，揭示经营成绩和失误，暴露存在的问题。

第三，实事求是地评价过去，科学地预测未来，提出合理化建议。

第四，形成财务分析报告，供财务分析信息需要者决策时参考，保证财务分析的连续性。

二、财务报表的编制

企业在日常的会计核算中，发生的各种经济业务都在有关的账簿中做了全面、系统、连续的记录，但账簿中提供的信息资料数量大且分散，信息使用者难以直接利用这些信息分析评价和做出相应的决策。因此，企业财务人员很有必要定期地将日常会计核算资料加以分类、整理、汇总，按照一定的形式编制财务报告，综合、总括地反映企业的经济活动过程和结果，从而为投资者、债权人、政府及其机构等提供所需的会计信息。

财务报表是以货币为主要量度，根据日常核算资料加工、整理而形成的总括反映企业财务状况、经营成果、现金流量和股东权益的指标体系，它是财务报告的主体和核心。企业的财务报表至少应当包括资产负债表、利润表、现金流量表、所有者权益（或股东权益，下同）变动表和附注五个组成部分。

（一）财务报表的分类

财务报表可以根据需要，按照不同的标准进行分类。

1. 按反映的经济内容分类

（1）静态财务报表。静态财务报表是指综合反映特定日期企业资产总额和权益总额及其构成情况的报表，如资产负债表。

（2）动态财务报表。动态财务报表是指反映一定时期内企业经营成果、现金流量、财务状况变动情况的报表，如利润表、现金流量表、所有者权益变动表。

2. 按编制的时间分类

（1）中期财务报表。中期财务报表进一步划分为月报、季报、半年报，要求反映及时、简明扼要。中期财务报表至少应当包括资产负债表、利润表等。

（2）年度财务报表。年度财务报表按年编制，要求填报和揭示的会计信息完整、全面。年度财务报告应提供所有的财务报表及其附注和其他应当在财务报告中披露的相关信息和资料。

3. 按其服务的对象分类

（1）外部财务报表。外部财务报表是指企业向外提供的，供投资者、债权人、政府等部门和个人使用的财务表，如资产负债、利润表、现金流量表、所有者权益变动表及附注，其格式和内容由财政部统一规定。

（2）内部财务报表。内部财务报表是指企业为了适应内部经营管理的需要而编制的不对外公开的财务会计报表，如成本报表，其格式和内容由企业自行设计。

4. 按其各项目所反映的数字内容分类

（1）个别财务报表。个别财务报表是反映一个会计主体会计信息的财务报表。

（2）汇总财务报表。汇总财务报表是指由企业主管部门或上级机关，根据所属单位报告的财务报表，连同本单位财务报表汇总编制的综合性财务报表。

（3）合并财务报表。合并财务报表是由母公司编制的，反映母公司和其全部子公司形成的企业集团的整体财务状况、经营成果和现金流量情况的财务报表。

（二）资产负债表的编制

1. 资产负债表的内容及结构

资产负债表是反映企业某一特定日期（月末、季末、年末）全部资产、负债和所有者权益状况的一种静态财务报表。通过资产负债表，投资者可以了解企业拥有的经济资源及其分布状况；分析企业的资本来源及构成比例；预测企业资本的变现能力、偿债能力和财务弹性；可以提供企业某一特定日期的资产总额及其结构，表明企业拥有或控制的经济资源及其分布情况；可以提供企业某一特定日期的负债总额及其结构，表明企业未来需要多少资产或劳务清偿债务和清偿时间；可以反映投资者权益的变动情况；也可以为财务分析提供基本资料。

我国资产负债表主体部分采用账户式结构，报表主体分为左右两方，左方列示资产各项目，反映全部资产的分布及存在形态；右方列示负债和所有者权益各项目，反映全部负债和所有者权益的内容及构成情况。资产各项目按其流动性由大到小顺序排列；负债各项目按其到期日的远近顺序排列。资产负债表左右双方平衡，即资产总计等于负债和所有者权益总计。每个项目又分为"年初余额"和"期末余额"两个栏次。

2. 资产负债表的填列方法

（1）"年初余额"的填列方法。"年初余额"栏内各项目数字，应根据上年年末资产负债表"期末余额"栏内所列数字填列。如果本年度资产负债表规定的各个项目的名称和内容同上年度不相一致，应将上年年末的名称和数字按本年度的规定进行调整后再填列。

（2）"期末余额"的填列方法。

第一，直接根据总账科目的余额填列。直接根据总账科目的余额填列的项目有"交易性金融资产""固定资产清理"（如"固定资产清理"科目为贷方余额，该项目应以"-"号填列）"长期待摊费用""递延所得税资产""短期借款""交易性金融负债""应付票据""应付职工薪酬""应交税费""应付利息""应付股利""其他应付款""递延所得税负债""实收资本""资本公积""库存股""盈余公积"等。

第二，根据几个总账科目的余额计算填列。例如，"货币资金"项目，应当根据"库存现金""银行存款""其他货币资金"等科目期末余额合计填列。

第三，根据总账科目与其备抵科目抵销后的净额填列。例如，"存货"项目，应当根据"原材料""在途物资"（或材料采购）"库存商品""发出商品""周转材料"等科目期末余额，减去"存货跌价准备"科目期末余额后的金额填列（如果材料采用计划成本核算和库存商品采用售价金额核算的企业，还应加或减"材料成本差异""商品进销差价"科目余额后的金额填列）；"持有至到期投资"项目，应当根据"持有至到期投资"科目期末余额，减去"持有至到期投资减值准备"科目期末余额后的金额填列；"固定资产"项目，应当根据"固定资产"科目期末余额，减去"累计折旧""固定资产减值准备"等科目期末余额后的金额填列。

第四，根据有关明细科目的余额计算填列。例如，"应收账款"项目，应当根据"应收账款""预收账款"等科目所属明细科目期末借方余额合计减去坏账准备后的余额填列。

第五，根据总账科目和明细科目的余额分析计算填列。例如，"长期应收款"项目应当根据"长期应收款"总账科目余额减去"未实现融资收益"总账科目余额，再减去所属相关明细科目中将于1年内到期的部分填列；"长期借款"项目，应当根据"长期借款"总账科目余额扣除"长期借款"科目所属明细科目中将于1年内到期的部分填列；"应付债券"项目，应当根据"应付债券"总账科目余额扣除"应付债券"科目所属明细科目中将于1年内到期的部分填列；"长期应付款"项目，应当根据"长期应付款"总账科目余额减去"未确认融资费用"总账科目余额再减去所属相关明细科目中将于1年内到期的部分填列。

（三）利润表的编制

1. 利润表的内容及结构

利润表是总括反映企业一定期间（月份、季度、年度）内经营成果的动态财务报表。通过分析利润表，投资者可以了解企业一定期间的经营成果信息；分析并预测企业的盈利能力；可以反映企业在一定期间收入的实现情况、费用耗费情况和生产经营活动的成果（利润或亏损总额），为经济决策提供基本资料。

利润表正表的格式一般有单步式和多步式两种。单步式利润表是将当期所有收入列在一起，然后将所有的费用列在一起，两项相减得出当期损益。多步式利润表是按利润形成的几个环节，分步骤地将有关收入与成本费用相减，从而得出利润额。

2. 利润表的填列方法

（1）"上期金额"栏反映上一年实际发生数，如果上年度利润表的项目名称和内容与本年度利润表不相一致，应对上年度利润表各项目的名称和数字按本年度的规定进行调整后再填入。

（2）"本期金额"栏反映各项目的本期实际发生数，主要根据各损益类科目的发生额分析填列。

（3）"基本每股收益"项目，应当按照归属于普通股股东的当期净利润，除以发行在外普通股的加权平均数计算并填列。

（4）"稀释每股收益"项目，首先，企业存在稀释性潜在普通股的应当分别调整归属于普通股东的当期净利润和发行在外普通股的加权平均数，并据以计算稀释每股收益；其次，再对归属于普通股股东的当期净利润进行调整，在此基础上，计算稀释每股收益。

（四）现金流量表的编制

1. 现金流量表的内容及结构

现金流量表是反映企业一定会计期间有关现金和现金等价物流入和流出信息的财务报表。通过现金流量表并配合资产负债表和利润表，财务报表使用者可以了解企业现金流转效果，评价企业的支付能力、偿债能力，合理预测企业未来现金流量，从而为企业编制现金流量计划、合理节约地使用现金创造条件；投资和债权人可以据以预测企业未来现金流量、做出投资决策和信贷决策，从现金流量的角度了解企业净利润的质量，据以分析和判断企业的财务前景。

现金等价物是指企业持有的期限短、流动性强、易于转换为已知金额现金、价值变动风险很小的投资。现金等价物虽然不是现金，但其支付能力与现金差别不大，可视为现金。一项资产被确认为是现金等价物必须同时具备：期限短、流动性强、易于转换为已知金额现金、价值变动风险很小四个条件。其中，期限短，一般是指从购买日起，3个月内到期，如可在证券市场上流通的3个月内到期的短期债券投资等。

现金流量可以分为三类，即经营活动产生的现金流量、投资活动产生的现金流量和筹资活动产生的现金流量。

（1）经营活动产生的现金流量。经营活动是指除企业投资活动和筹资活动以外的所有交易或事项。对工商企业而言，经营活动主要包括销售商品、提供劳务、购买商品、接受劳务、支付税费等。经营活动产生的现金流入项目主要有：销售商品、提供劳务收到的现金，收到的税费返还，收到其他与经营活动有关的现金。经营活动产生的现金流出项目主要有：购买商品、接受劳务支付的现金，支付给职工以及为职工支付的现金，支付的各种税费，支付其他与经营活动有关的现金。各类企业由于行业特点不同，对经营活动的认定存在一定差异。在编制现金流量表时，应根据企业的实际情况，对现金流量进行合理分类。

（2）投资活动产生的现金流量。投资活动是指企业长期资产的购建和不包括在现金等价物范围内的投资及其处置活动。这里的长期资产是指固定资产、在建工程、无形资产、其他资产等持有期限在1年或一个营业周期以上的资产。投资活动主要包括购建和处置固定资产、无形资产和其他长期资产，取得或收回投资等。投资活动产生的现金流入项目主要有：收回投资收到的现金，取得投资收益收到的现金，处置固定资产、无形资产和其他长期资产收回的现金净额，收到其他与投资活动有关的现金。投资活动产生的现金流出项目主要有：购建固定资产、无形资产和其他长期资产支付的现金，投资支付的现金，支付其他与投资活动有关的现金。

（3）筹资活动产生的现金流量。筹资活动是指导致企业资本及债务规模和构成发生变化的活动。这里所说的资本，既包括实收资本（股本），也包括资本溢价（股本溢价）；这里所说的债务，包括向银行借款、发行债券和偿还债务等。应付账款、应付票据等商业应付款属于经营活动，不属于筹资活动。筹资活动产生的现金流入项目主要有：吸收投资收到的现金、取得借款收到的现金、收到其他与筹资活动有关的现金。筹资活动产生的现金流出项目主要有：偿还债务支付的现金，分配股利、利润或偿付利息支付的现金，支付其他与筹资活动有关的现金。

企业在进行现金流量分类时，对现金流量表中未特别指明的现金流量，应按照现金流量表的分类方法和重要性原则，判断某项交易或事项所产生的现金流量应当归属的类别或项目，对重要的现金流入或流出项目应当单独反映。对一些特殊的、不经常发生的项目，如自然灾害损失、保险赔款等，应根据其性质，分别归到经营活动、投资活动或筹资活动项目中。

现金流量表采用报告式的结构，分类反映经营活动产生的现金流量、投资活动产生的现金流量和筹资活动产生的现金流量，最后汇总反映企业现金及现金等价物净增加额。在有外币现金流量及境外子公司的现金流量折算为人民币的企业，还应单设"汇率变动对现金及现金等价物的影响"项目。

此外，企业还应当在附注中披露与现金流量表有关的下列补充资料。

第一，将净利润调节为经营活动现金流量。

第二，不涉及现金收支的重大投资和筹资活动。

第三，现金及现金等价物净变动情况。

2. 现金流量表的填列方法

（1）经营活动产生的现金流量。在我国，企业经营活动产生的现金流量应当采用直接法填列。直接法是指通过现金收入和现金支出的主要类别列示经营活动的现金流量。现金流量一般应按现金流入和流出总额列报，但代客户收取或支付的现金，以及周转快、金额大、期限短项目的现金流入和现金流出，可以按净额列报。

第一，"销售商品、提供劳务收到的现金"项目。该项目反映企业本期销售商品、提供劳务实际收到的现金（包括应向购买者收取的增值税销项税额），以及前期销售商品、提供劳务本期收到的现金和本期预收的款项，减去本期退回本期销售的商品和前期销售本期退回的商品支付的现金。企业销售材料和代购代销业务收到的现金，也在该项目反映。

第二，"收到的税费返还"项目。该项目反映企业收到返还的各种税费，包括收到返还的增值税、消费税、关税、所得税、教育费附加等。

第三，"收到其他与经营活动有关的现金"项目。该项目反映企业除了上述各项目以外所收到的其他与经营活动有关的现金，如罚款、流动资产损失中由个人赔偿的现金、经营租赁租金等。若某项其他与经营活动有关的现金流入金额较大，应单列项目反映。

第四，"购买商品、接受劳务支付的现金"项目。该项目反映企业本期购买商品、接受劳务实际支付的现金（包括增值税进项税额），以及本期支付前期购买商品、接受劳务的未付款项和本期预付款项，减去本期发生的购货退回收到的现金。企业代购代销业务支付的现金，也在该项目反映。

第五，"支付给职工以及为职工支付的现金"项目。该项目反映企业本期实际支付给职工的工资、奖金、各种津贴和补贴等，以及为职工支付的其他费用。企业代扣代缴的职工个人所得税，也在该项目反映。该项目不包括支付给离退休人员的各项费用及支付给在建工程人员的工资及其他费用。企业支付给离退休人员的各项费用（包括支付的统筹退休金以及未参加统筹的退休人员的费用），在"支付其他与经营活动有关的现金"项目反映；支付给在建工程人员的工资及其他费用，在"购建固定资产、无形资产和其他长期资产支付的现金"项目反映。

企业为职工支付的养老、失业等社会保险基金、补充养老保险、住房公积金、支付给职工的住房困难补助，以及企业支付给职工或为职工支付的其他福利费用等，应按职工的工作性质和服务对象，分别在该项目和"购建固定资产、无形资产和其他长期资产支付的现金"项目反映。

第六，"支付的各项税费"项目。该项目反映企业本期发生并支付的税费，以及本期支付以前各期发生的税费和本期预交的税费，包括所得税、增值税、消费税、印花税、房产税、土地增值税、车船税、教育费附加、矿产资源补偿费等，但不包括计入固定资产价值、实际支付的耕地占用税等。

第七，"支付其他与经营活动有关的现金"项目。该项目反映企业除上述各项目外所支付的其他与经营活动有关的现金，如经营租赁支付的租金、支付的罚款、差旅费、业务招待费、保险费等。若其他与经营活动有关的现金流出金额较大，应单列项目反映。

（2）投资活动产生的现金流量。

第一，"收回投资收到的现金"项目。该项目反映企业出售、转让或到期收回除现金等价物以外的对其他企业的权益工具、债务工具和合营中的权益等投资收到的现金。收回债务工具实现的投资收益、处置子公司及其他营业单位收到的现金净额不包括在本项目内。

第二，"取得投资收益收到的现金"项目。该项目反映企业除现金等价物以外的对其他企业的权益工具、债务工具和合营中的权益投资分回的现金股利和利息等，不包括股票股利。

第三，"处置固定资产、无形资产和其他长期资产收回的现金净额"项目。该项目反映企业出售、报废固定资产、无形资产和其他长期资产收到的现金（包括因资产毁损收到的保险赔偿款）减去为处置这些资产而支付的有关费用后的净额。如所收回的现金净额为负数，则应在"支付其他与投资活动有关的现金"项目反映。

第四，"处置子公司及其他营业单位收到的现金净额"项目。该项目反映企业处置子公司及其他营业单位所取得的现金，减去相关处置费用以及子公司及其他营业单位持有的现金和现金等价物后的净额。

第五，"收到其他与投资活动有关的现金"项目。该项目反映企业除了上述各项目以外，所收到的其他与投资活动有关的现金流入，如企业收回购买股票和债券时支付的已宣告但尚未领取的现金股利或已到付息期但尚未领取的债券利息。若其他与投资活动有关的现金流入金额较大，应单列项目反映。

第六，"购建固定资产、无形资产和其他长期资产支付的现金"项目。该项目反映企业本期购买、建造固定资产、取得无形资产和其他长期资产实际支付的现金，以及用现金支付的应由在建工程和无形资产负担的职工薪酬，不包括为购建固定资产而发生的借款利息资本化部分，以及融资租入固定资产支付的租赁费。企业支付的借款利息和融资租入固定资产支付的租赁费，在筹资活动产生的现金流量中反映。

第七，"投资支付的现金"项目。该项目反映企业取得现金等价物以外的对其他企业的权益工具、债务工具和合营中的权益投资所支付的现金，以及支付的佣金、手续费等交易费用，但取得子公司及其他营业单位支付的现金净额除外。

第八，"取得子公司与其他营业单位支付的现金净额"项目。该项目反映企业购买子公司及其他营业单位购买出价中以现金支付的部分，减去子公司及其他营业单位持有的现金和现金等价物后的净额。

第九，"支付其他与投资活动有关的现金"项目。该项目反映企业除上述各项以外所支付的其他与投资活动有关的现金流出，如企业购买股票时实际支付的价款中包含的已宣告而尚未领取的现金股利，购买债券时支付的价款中包含的已到期尚未领取的债券利息等。若某项其他与投资活动有关的现金流出金额较大，应单列项目反映。

（3）筹资活动产生的现金流量。

第一，"吸收投资收到的现金"项目。该项目反映企业以发行股票、债券等方式筹集资金实际收到的款项，减去直接支付的佣金、手续费、宣传费、咨询费、印刷费等发行费用后的净额。

第二，"取得借款收到的现金"项目。该项目反映企业举借各种短期、长期借款实际收到的现金。

第三，"收到其他与筹资活动有关的现金"项目。该项目反映企业除上述各项以外所收到的其他与筹资活动有关的现金流入等。若某项其他与筹资活动有关的现金流入金额较大，应单列项目反映。

第四，"偿还债务支付的现金"项目。该项目反映企业偿还债务本金所支付的现金，包括偿还金融企业的借款本金、偿还债券本金等。企业支付的借款利息和债券利息在"分配股利、利润或偿付利息支付的现金"项目反映，不包括在该项目内。

第五，"分配股利、利润或偿付利息支付的现金"项目。该项目反映企业实际支付的现金股利、支付给其他投资单位的利润或用现金支付的借款利息、债券利息等。

第六，"支付其他与筹资活动有关的现金"项目。该项目反映企业除上述各项以外所支付的其他与筹资活动有关的现金流出，如融资租入固定资产支付的租赁费等。若某项其他与筹资活动有关的现金流出金额较大，应单列项目反映。

（4）汇率变动对现金及现金等价物的影响。

该项目反映企业外币现金流量以及境外子公司的现金流量折算为人民币时，所采用的现金流量发生日的即期汇率或按照系统合理的方法确定的、与现金流量发生日即期汇率近似汇率折算的人民币金额与"现金及现金等价物净增加额"中的外币现金净增加额按期末汇率折算的人民币金额之间的差额。

（5）现金及现金等价物净增加额。

该项目反映企业本期现金及现金等价物的净变动情况，在数量上等于经营活动产生的现金流量净额、投资活动产生的现金流量净额、筹资活动产生的现金流量净额，以及汇率变动对现金及现金等价物的影响的合计数。即：

现金及现金等价物净增加额=经营活动产生的现金流量净额+投资活动产生的现金流量净额

+筹资活动产生的现金流量净额

+汇率变动对现金及现金等价物的影响

（6）期末现金及现金等价物余额。

该项目反映企业期末的现金及现金等价物余额，在期初现金及现金等价物余额的基础上，加上本期现金及现金等价物净增加额得出。在企业不存在使用受限制的现金和现金等价物的情况下，该项目的金额应与资产负债表中货币资金的期末余额对应相等。即：

期末现金及现金等价物余额=期初现金及现金等价物余额+现金及现金等价物净增加额

（7）现金流量表补充资料。

现金流量表的补充资料主要包括以下三部分内容。

第一，将净利润调整为经营活动现金流量。

第二，不涉及现金收支的重大投资和筹资活动。

第三，现金及现金等价物净变动情况。

在我国，现金流量表补充资料应采用间接法反映经营活动产生的现金流量情况，以对现金流量表中采用直接法反映的经营活动现金流量进行核对和补充说明。间接法是指以本期净利润为起点，通过调整不涉及现金的收入、费用、营业外收支和经营性应收应付等项目的增减变动，调整不属于经营活动的现金收支项目，据此计算并列报经营活动产生的现金流量的方法。

采用间接法列报经营活动产生的现金流量时，需要对实际没有支付现金的费用、实际没有收到现金的收益、不属于经营活动的损益、经营性应收应付项目的增减变动这四大类项目进行调整。

（五）所有者权益变动表的编制

1. 所有者权益变动表的内容及结构

所有者权益变动表是反映企业在一定期间（月度、季度、年度）内，所有者权益各组成部分当期增减变动情况的报表。在所有者权益变动表中，当期损益、直接计入所有者权益的利得和损失，以及与所有者的资本交易导致的所有者权益的变动分别列示。

企业至少应当单独列示反映下列信息的项目：①净利润；②直接计入所有者权益的利得和损失项目及其总额；③会计政策变更和前期差错更正的累计影响金额；④所有者投入资本和所有者分配利润等；⑤提取的盈余公积；⑥实收资本或股本、资本公积、盈余公积、未分配利润的期初和期末余额及其调节情况。

2. 所有者权益变动表的填列方法

（1）"上年年末余额"项目。该项目反映企业上年资产负债表中实收资本（或股本）、资本公积、库存股、盈余公积、未分配利润的年末余额。

（2）"会计政策变更""前期差错更正"项目。该项目分别反映企业采用追溯调整法处理的会计政策变更的累计影响金额和采用追溯重述法处理的会计差错更正的累计影响金额。

（3）"本年增减变动金额"项目。

第一，"综合收益总额"项目。该项目反映净利润和其他综合收益扣除所得税影响后的净额相加后的合计金额。其中，其他综合收益反映企业根据《企业会计准则》的规定未在损益中确认的各项利得和损失扣除所得税影响后的净额。

第二，"所有者投入和减少资本"项目，该项目反映企业当年所有者投入的资本和减少的资本。

①"所有者投入资本"项目，反映企业接受投资者投入形成的实收资本（或股本）和资本溢价或股本溢价。

②"股份支付计入所有者权益的金额"项目，反映企业处于等待期中的权益结算的股份支付当年计入资本公积的金额。

第三，"利润分配"项目。该项目反映企业当年的利润分配金额。

"提取盈余公积"项目，反映企业按照规定提取的盈余公积。

"对所有者（或股东）的分配"项目，反映对所有者（或股东）分配的利润（或股利）金额。

第四，"所有者权益内部结转"项目。该项目反映企业构成所有者权益的组成部分之间的增减变动情况。

"资本公积转增资本（或股本）"项目，反映企业以资本公积转增资本或股本的金额。

"盈余公积转增资本（或股本）"项目，反映企业以盈余公积转增资本或股本的金额。

"盈余公积弥补亏损"项目，反映企业以盈余公积弥补亏损的金额。

（4）"本年年末余额"项目。该项目应根据"本年年初余额"项目和"本年增减变动金额"项目计算得出。

（六）财务报表附注的编制

财务报表附注旨在帮助财务报表使用者深入了解基本财务报表的内容，是财务报表制作者对资产负债表、损益表和现金流量表的有关内容和项目所作的说明和解释。财务报表附注中的内容非常重要，主要包括：企业所采用的主要会计处理方法；会计处理方法的变更情况、变更的原因及对财务状况和经营业绩的影响；发生的非经常性项目；一些重要报表项目的明显情况；或有事项；期后事项；以及其他对理解和分析财务报表重要的信息。

财务报表附注一般采取以下三种方式编写：①旁注。在财务报表的有关项目旁直接用括号加注说明。它是最简单的报表注释方法，且与表内已披露的信息为一体。②附表。为了使财务报表简明易懂而对主表重要项目的构成及增减变动原因与数额所做的详细、具体的反映。附表反映的内容，有些已直接包括在脚注之内，有些则附在报表和脚注之后，作为财务报表的一个单独组成部分。③底注。在财务报表主表后用一定的文字和数字对那些不便列入财务报表内的有关信息所做的补充说明。通常，报表附注指的就是报表底注。

第三节　财务报表分析的对象、方法与程序

一、财务报表分析的对象

（一）财务报表分析的步骤

财务报表分析的关键是搜寻到足够的、与决策相关的各种财务信息，从中分析并解释相互之间的关系，发现报表异常的线索，做出确切的判断和分析结论。财务报表分析的步骤可以概括为以下三点。

第一，收集与决策相关的各项重要财务资料。这主要包括定期财务报告、审计报告、招股说明书、上市公告书和临时报告、相关产业政策、行业发展背景、税收政策等。

第二，整理并审查所收集的资料。通过一定的分析手段揭示各项信息之间隐含的重要关系，发现分析的线索。

第三，研究重要的报表线索。结合相关的资讯，分析内在联系，解释现象，推测经济本质，为决策提供依据。

对外发布的财务报表，是根据全体使用人的一般要求设计的，故称通用财务报表，并不适合特定报表使用人的特定要求。特定报表使用人要从中选择自己需要的信息，然后重新排列，并研究其相互关系，使之符合特定决策的要求。

（二）企业通用财务报表的分析目的

企业通用财务报表的主要使用人有七类，他们的分析目的不完全相同。

1. 投资人

投资人为决定是否投资，须分析企业的资产和盈利能力；为决定是否转让股份，须分析盈利状况、股价变动和发展前景；为考查经营者业绩，须分析资产盈利水平、破产风险和竞争能力；为决定股利分配政策，须分析筹资状况等。

2. 债权人

债权人为决定是否给企业贷款，须分析贷款的报酬和风险；为了解债务人的短期偿债能力，须分析其资源的流动状况；为了解债务人的长期偿债能力，须分析其盈利状况和资本结构；为决定是否出让债权，须评价其整体价值等。

3. 经理人员

经理人员为改善财务决策而进行财务报表分析，涉及的内容最为广泛，几乎包括外部使用人员关心的所有问题。企业的经理人员需要通过一系列方法监控企业运营，与企业不断变化的情况保持同步，财务报表分析是实现这些目标的一个重要方法。经理人员之所以能连续全面地进行财务报表分析，是因为他们能经常地、毫无限制地获取财务信息和其他数据。他们对比率、趋势、经济联系和其他重要因素的分析也应该比较系统，对不断变化的商业环境也应非常敏感，及时发现这些变化并作出反应是他们工作的主要目标。

4. 供应商

供应商要通过财务报表分析，看与该企业是否能长期合作；了解其销售信用水平如何；是否应对企业延迟收款期，或者扩大信用额等。

5. 政府

政府要通过财务报表分析了解企业的纳税情况；遵守政府法规和市场秩序的情况；职工收入和就业状况等。

6. 雇员和工会

雇员和工会要通过财务报表分析判断企业盈利与雇员收入、保险、福利之间是否相适应。

7. 中介机构

中介机构包括注册会计师、咨询人员等。注册会计师通过财务报表分析可以确定审计的重点。财务报表分析领域的扩展与咨询业的发展有关，在一些国家财务分析师已成为专门职业，他们为各类报表使用人提供专业咨询。

二、财务报表分析的方法

财务报表分析的方法是帮助使用者进行财务报表分析的手段。由于分析的目标各不相同，因而在进行实际财务报表分析时，需要适应不同分析目标的要求，采用与分析目标要求相适应的分析方法。通常，客观、全面的分析需要进行动态的系统分析。所谓动态分析，就是要将企业过去和目前的状况与未来的发展联系起来，比较适合的分析方法是趋势分析法。所谓系统的分析，就是要注重各事物之间的联系，常见的分析方法有结构分析法和趋势分析法、因素分析法和因子分析法、综合分析法。

（一）结构分析法和趋势分析法

"报表原数"是指可以从财务报表中直接获得的、未经过任何加工的数据。以报表原数作为分析的对象，是一种最为简单且直观的分析视角，而结构和趋势分析法则又从两个另外的角度拓宽了财务报表分析的领域。通过对财务报表原数进行这样不同角度的加工，可以发掘出更多额外的财务信息，以更好地服务于财务报表分析过程。

1. 结构分析法

（1）结构分析法的含义。结构分析法是指以财务报表中某一关键项目的数额作为基数，而将其余各有关项目的数额分别换算成对该关键项目的百分比，以将各个项目的相对地位明显地表现出来，从而揭示财务报表中各项目的相对重要性，以及财务报表的总体结构关系的分析方法。据此，结构分析法的一般计算公式为：

$$结构百分比 = （某项目数据 \div 总体数据） \times 100\%$$

由于财务报表的结构分析通常是以百分比的形式表述企业在一个特定期间内，其财务报表中的某项目数据与某一共同项目数据之间的关系，所以反映的是财务报表各项目数据之间的纵向关系，因而也称为纵向分析或垂直分析。

（2）使用结构分析法的注意事项。对财务报表进行结构分析主要是为了考察财务报表中各单个项目数据占总体数据的相对比重，其优点是简洁明了，有助于对企业的财务状况、经营成果和现金流量情况有更加深入的了解。但在对这些相对数额进行分析时，要结合数额的实际意义，通常要注意以下四个方面。

第一，结构百分比报表不能反映被分析公司的相对规模。

第二，在进行结构百分比报表的分析时，通常还会延伸到检查特定子类项目的比例构成情况。例如，在评价流动资产的流动性程度时，不仅要了解各项流动资产占总资产的比例是多少，还要了解各项流动资产在流动资产合计数中的比例情况。

第三，在分析结构百分比损益表时，了解各成本、费用项目占销售收入的比例对分析通常很有指导意义，但有一个例外就是所得税项目，它与税前收益相关而与销售收入无关。

第四，结构百分比报表更适合公司之间的横向比较，而在解释其变动趋势时还应该慎重，要将绝对金额与相对比例结合起来分析。

综上所述，财务报表的结构分析法为财务报表分析活动提供了一个有效的视角，即需要从报表的相对数额而不是绝对数额去看问题，这给后续的财务报表分析方法提供了有益的思路，其他的财务报表分析方法亦以此为基础而展开。

2. 趋势分析法

（1）趋势分析法的含义。趋势分析法是根据企业连续数期的财务报表，比较报表中各个有关项目的金额、增减方向和幅度，从而评判当期财务状况和经营成果的增减变化及其发展趋势的一种方法。采用这种分析方法，可以帮助识别导致一个企业财务状况和经营成果发生变化的主要原因、变动的性质，并预测企业未来的发展前景。

趋势分析法可以利用统计图表，并采用移动算术平均法、指数滑动平均法等进行分析。通常采用简单的比较法，即将连续几期的同一类型报表加以比较，以计算趋势百分数。趋势百分数的计算公式为：

$$趋势百分数 = (比较项目的数额 ÷ 基期项目的数额) \times 100\%$$

（2）趋势分析法的类型。

第一，按照分析的形式，趋势分析法可以分为两种类型：①定比分析法，即固定以某一时期数额为基数，其他各期数额均与该期的基数进行比较，以计算出趋势百分数；②环比分析法，即分别以上一时期数额为基数，然后将下一期数额与上一期数额进行比较，以计算趋势百分比。相对而言，后者更侧重于说明项目的发展变化速度。

第二，按照分析比较的具体对象来看，趋势分析可以按绝对数（报表原数）进行时间序列比较，也可以按相对数（结构百分比）进行时间序列比较。此外，还可以按财务比率进行趋势分析，以作为对趋势报表分析的扩展。

报表原数的趋势分析。所谓趋势分析，也可以称为水平分析，是将企业连续几个会计年度的财务报表上的相同项目进行横向趋势比较。为了更直观地反映某个项目增减变动的数额和增减变动幅度，往往在并列连续几年财务报表的绝对额后面设置"增减"栏，以反映增减的绝对数额和增减百分比。其计算公式为：

$$绝对值变动数 = 分析期某项指标实际数 - 基期该项指标实际数变动率（\%）$$
$$= （绝对值变动数 \div 基期该项指标实际数） \times 100\%$$

结构百分比的趋势分析。所谓结构百分比的趋势分析，是将若干比较期间的结构百分比在财务报表中并列列示，进行趋势分析。在实际分析中，一般不编制单一期间的结构百分比财务报表，通常将财务报表结构分析与趋势分析相结合，用于财务报表的多期比较，使报表项目之间的变化趋势表现得更为清晰，能更加有效地揭示企业财务报表各项目变动情况的重要性，以及这种变动的趋势情况。

财务比率的趋势分析。财务比率的趋势分析主要是通过比较财务报表中的各项目之间财务指标的比率关系及其变动情况，分析和预测企业财务活动的发展趋势。通过将各项目财务指标的增减变化进行对比，以判断增资与增产、增收之间是否协调，资产营运效率是否提高等。

（3）使用趋势分析法的注意事项。

第一，用于进行对比的各个时期的指标在计算口径上必须一致，因为会计政策和会计估计的变更会影响指标的前后一致性。

第二，分析前应剔除偶然因素的影响，以使供分析的数据能传递正常的经营情况信息。

第三，分析时需要突出经营管理上的重大特殊问题，所选择的分析项目应适合分析的目的。

第四，应特别关注变异的量度，以突出分析结论对生产经营活动的影响。

综上，结构分析和趋势分析对财务报表分别进行了纵向和横向的全面分析，其中，结构分析强调了财务报表分析的整体性，而趋势分析则强调了财务报表分析的动态性。

（二）因素和因子分析法

如果说结构分析和趋势分析提供了财务报表分析的两种视角，那么因素分析法和因子分析法则为寻找财务比率之间的关系提供了两种不同的技术分析方法。

因素分析法建立在指标分解法的基础上，通过各指标之间的内在逻辑关系，强调各指标之间客观存在的因果关系；而因子分析法则是利用统计分析法，面对为数众多的财务比率，通过相关性测试加以分类的方法。

1. 因素分析法

（1）因素分析法的含义。因素分析法是指对某个经济活动的总体进行因素分解，确定影响该经济活动总体的各种因素构成，并按一定的方法确定各构成因素的变动对该经济活动总体的影响程度和影响方向的分析方法。

因素分析法是一种常用的定量分析方法，而财务报表因素分析方法，是在将一定的财务指标层层分解为若干个分项指标的基础上，对该财务指标的各个影响因素的影响程度大小进行定量的分析。这种分析法对揭示和改进企业的财务状况，以改善企业的生产经营过程，可以提供有益的帮助和参考。

（2）因素分析法的种类。因素分析法主要是就各分解因素对某一综合指标的影响程度进行衡量，其在具体运用中，形成了多种具体的分析方法。

第一，主次因素分析法。这种分析法也称 ABC 分析法，一般是根据各种因素在总体中的比重大小，依次区分为主要因素、次要因素、一般因素，然后抓住主要因素进行深入细致的分析，以取得事半功倍的分析效果。

第二，因果分析法。这种分析法主要是通过分层次的方法，分析、解释引起某项经济指标变化的各分项指标变化的原因，以最终说明总体指标的变化情况。例如，产品销售收入的变化主要是受销售数量和销售价格变动等因素的影响，而销售价格变动又受产品质量、等级等因素变动的影响。由此，可依次对收入变动、价格变动等原因进行分析，以最终揭示影响产品销售收入变动的深层次原因。

第三，平行影响法。这种分析法又称因素分摊法，适用于分析、解释引起某项经济指标变化的各分项因素同时变动、平行影响的情况。平行影响法又可以进一步分为差额比例分摊法、变动幅度分摊法、平均分摊法等。

第四，连环替代法。这种分析法是通过对经济指标的对比分析，在确定差异的基础上，利用各个因素的顺序替代变动，连续进行比较，从数量上测定各个因素对经济指标差异的影响程度的一种科学的因素分析法。

连环替代法是因素分析法的一种基本形式，其程序大致由以下步骤组成：

确定分析指标与其影响因素之间的关系。通常使用的方法是指标分解法，即将财务指标在计算公式的基础上进行分解或扩展，从而得出各影响因素与分析指标之间的关系式。例如，对总资产收益率指标，可以分解为：

$$总资产收益率 = （净利润 ÷ 平均资产总额） × 100\%$$
$$= （营业收入 ÷ 平均资产总额） × （净利润 ÷ 营业收入） × 100\%$$
$$= 总资产周转率 × 销售净利率 × 100\%$$

排列各项因素的顺序。一般遵循先数量后质量、先实物后价值、先主要后次要的原则。

以基期（或计划）指标为基础，将各个因素的基期数按照顺序依次以报告期（或实际）数来替代。每次替代一个因素，替代后的因素就保留报告期数。有几个因素就替代几次，并相应确定计算结果。

因素分析法也是财务报表分析中常用的一种技术方法，它是指把整体分解为若干个局部的分析方法，具体包括比率因素分解法和差异因素分解法。由于企业的活动是一个有机的整体，每个指标的高低都受不止一个因素的影响，因而从数量上测定各因素的影响程度，可以帮助人们抓住主要矛盾，或者更有说服力地评价企业状况。

（3）使用因素分析法的注意事项。

第一，因素分解的相关性问题。所谓因素分解的相关性，是指分析指标与其影响因素之间必须真正相关，即有实际经济意义，各影响因素的变动确实能说明分析指标差异产生的原因。

第二，分析前提的假设性。所谓分析前提的假设性，是指分析某一因素对经济指标差异的影响时，必须其他因素都不变，否则，就不能分清各单一因素对分析对象的影响程度。

第三，因素替代的顺序性。确定因素替代顺序的传统方法是依据数量指标在前、质量指标在后的原则进行排列，现在也有人提出依据重要性原则，即重要的因素排在前面，次要因素排在后面。但是无论何种排列方法，都缺少坚实的理论基础。一般为了分清责任，将对分析指标影响较大的、并能明确责任的因素放在前面要好一些。

第四，连环性是指在确定各因素变动对分析对象的影响时，都是将某因素替代后的结果与该因素替代前的结果对比，一环套一环，这样既能保证各因素对分析对象影响结果的可分性，又便于检查分析结果的准确性。

2. 因子分析法

（1）因子分析法的含义。

因子分析法是从研究变量内部相关的依赖关系出发，把一些具有错综复杂关系的变量归结为少数几个综合因子的一种多变量统计分析方法。它的基本思想是将观测变量进行分类，将相关性较高，即联系比较紧密的分在同一类中，而不同类变量之间的相关性则较低，那么每一类变量实际上就代表了一个基本结构，即公共因子。对所研究的问题就是试图用最少个数的不可测的所谓公共因子的线性函数与特殊因子之和来描述原来观测的每一变量。

因子分析的基本目的是利用少数几个因子去描述许多指标或因素之间的联系，即将相互比较密切的几个变量归在同一类中，每一类变量就成为一个因子（之所以称其为因子，是因为它是不可观测的，即不是具体的变量），以较少的几个因子反映原资料的大部分信息。

（2）财务比率因子分析法的应用基本步骤。

第一，收集所要研究企业的财务比率数据，构建样本原始数据矩阵：

$$Y = \begin{bmatrix} Y_{11} & Y_{12} & \cdots & Y_{1p} \\ Y_{21} & Y_{22} & \cdots & Y_{2p} \\ \vdots & \vdots & & \vdots \\ Y_{n1} & Y_{n2} & \cdots & Y_{np} \end{bmatrix}$$

其中，Y 表示第 i 个企业的第 j 个财务比率。

第二，对样本原始数据进行标准化处理。为了便于对财务比率进行比较，并消除由于观测变量的差异对数量所造成的影响，有必要对原始数据进行标准化处理，使标准化后的变量的均值为 0，方差为 1，近似标准正态分布，从而使各财务比率指标之间具有可比性。

第三，计算样本相关系数矩阵 R 与协方差阵 S。相关系数可反映指标间信息重叠的程度，其值越大，信息重叠的程度越高；其值越小，信息重叠的程度越低。

第四，利用样本数据矩阵，计算其特征值、特征向量、特征值贡献率，求得因子载荷矩阵 A，并形成因子模型为：

$$\begin{cases} X_1 = a_{11}F_1 + a_{12}F_2 + \cdots + a_{1m}F_m + \Sigma_1 \\ X_2 = a_{21}F_1 + a_{22}F_2 + \cdots + a_{2m}F_m + \Sigma_2 \\ \qquad\qquad\qquad \vdots \\ X_p = a_{p1}F_1 + a_{p2}F_2 + \cdots + a_{pm}F_m + \Sigma_p \end{cases}$$

模型中的 F 为公共因子，它是在各个原观测变量的表达式中都会共同出现的因子，是相互独立的不可观测的理论变量，而公共因子的含义必须结合具体的实际意义而定。模型中的系数 a 为公共因子载荷量，简称因子载荷，其绝对值越大，表明 X 与 F 的相依程度越大。

第五，选择公共因子。计算因子载荷矩阵中所有 F 对 X 的方差贡献，衡量公共因子的相对重要性，依次提炼出最有影响的公共因子。

第六，因子旋转。因子分析可以采用不同的方式加以解释，不同的旋转方式只是从不同的角度看待同一现象。

第七，构造出综合得分函数，对各样本进行评价。

（3）财务比率因子分析法的作用。

因子分析的主要优点是能将大量的变量减少为几个较少的变量，以减轻工作量。而财务比率因子分析的作用主要体现在以下两个方面。

一方面，因子分析法的分类方法更加客观、科学。传统的财务比率的归类通常是建立在主观假定的基础上，假定某些比率具有经济联系；而因子分析法是应用实际数据对比率之间的经济联系进行实质性测试,使分类合理化。

另一方面,因子分析法的分类方法是相对的而不是绝对的。传统的财务比率的归类是固定的,而因子分析法会因为数据及方法的不同产生不同的分类,这样就可以让分析者更了解分类本身的相似性。

(4)财务比率因子分析法的注意事项。

第一,因子分析的核心是一种浓缩数据的技术,适用于公开获得数据情况下的财务报表分析。

第二,因子分析法的分类结果只适用于特定的分析样本。

(三)综合分析法

综合分析法是将财务报表和财务指标结合起来,作为一个整体进行分析,评价企业整体财务状况和经营成果的优劣。

财务报告分析的最终目的是全面、准确、客观地揭示企业财务状况和经营成果,并借以对企业经济效益优劣作出合理的评价。显然,要达到这样一个分析目的,仅仅从企业的偿债能力、盈利能力和营业能力,以及资产负债表、利润表、现金流量表等不同侧面,分别对企业的财务状况和经营成果进行具体分析,是不可能得出合理、正确的综合结论的。企业的经营活动是一个有机的整体,要全面评价企业的经济效益,仅仅满足于局部分析是不够的,而应该将相互联系的各种报表、各项指标联系在一起,从全局出发,进行全面、系统、综合的评价。

财务综合分析的方法有很多,概括起来可以分为两类:一类是财务报表综合分析;另一类是财务指标体系综合分析。

1. 雷达图分析法

雷达图分析法是日本企业界进行综合实力评估而采用的一种财务状况综合评价方法。按这种方法所绘制的财务比率综合图状似雷达,故得此名。它是对客户财务能力分析的重要工具,从动态和静态两个方面分析客户的财务状况,其中静态分析将客户的各种财务比率与其他相似客户或整个行业的财务比率作横向比较;而动态分析则把客户现时的财务比率与先前的财务比率作纵向比较,从而可以发现客户财务及经营情况的发展变化方向。雷达图把纵向和横向的分析比较方法结合起来,计算综合客户的收益性、成长性、安全性、流动性和生产性这五类指标。

可以借助 Excel 工具绘制雷达图,一般可以将比较值设定为 1,然后将实际值除以比较值得到的对比值与比较值 1 代入 Excel 工具绘制雷达图,并最终得到雷达分析图。

2. 平衡计分卡分析法

当企业管理进入战略管理阶段后，管理一个企业的高度复杂性要求同时从几个方面来考察业绩。平衡计分卡是一套能快速而全面地考察企业的业绩评价系统，它从四个方面观察企业，即财务、顾客、内部业务、创新和学习。其中，财务指标说明已采取的行动产生的结果，同时，通过对顾客满意度、内部程序，以及组织的创新和提高活动进行测评得出业务指标，业务指标是未来财务业绩的推进器。"将平衡计分卡理念应用到全面预算中，有助于让预算和战略衔接，并让企业充分关注财务指标和非财务指标。"①

平衡计分卡是一套基于战略管理的业绩评价指标体系，体现了多方面的平衡性。

首先，结果指标与动因指标的平衡。在平衡计分卡中，财务方面的指标是企业追求的结果，其他三个方面的指标是取得这种结果的动因。

其次，日常指标和战略指标的平衡。能用于业绩评价的指标各种各样，但哪些指标能纳入基于战略管理的业绩评价体系，需要根据不同的发展战略确定不同的关键业绩指标及其延伸指标。

最后，利益相关者之间的平衡。企业业绩计量系统的一个最基本和最重要的作用就是监控契约双方的交易，这将使企业决定契约双方的期望是否得到了满足，以便找出问题所在及改进的方法。业绩计量指标反映了企业的次要目标，因为恰当的业绩计量指标能预测或带动企业在基本目标方面的业绩，实现基本目标业绩指标与次要目标业绩指标之间的平衡。

三、财务报表分析的程序

所谓程序，是指为进行某项活动或过程所规定的途径。所谓财务报告分析的一般程序，是指从财务数据取得，到最终分析目标达成的一系列步骤。

(一) 战略分析

战略分析是财务报表分析的首要步骤，其主要目的就是帮助分析者提升对目标公司、竞争者，及其所面临的经济环境状况的理解，以及它们之间的相互关系，并保证具体的财务报表分析都是以现实为基础的。即战略分析希望通过辨明关键的利润动因和风险之间的关系，帮助分析者做出客观的预测。

战略分析要求财务报表的分析者不能仅仅着眼于所掌握的报表数据，而忽视报表数据与公司战略之间的关系。事实上，任何一个组织都有自身的目标，而目标的实现则有赖于所选择的战略。

---

①闫冬瑾. 平衡计分卡下的企业全面预算管理研究 [J]. 中国中小企业，2023（3）：193.

（二）会计分析

会计分析的目的是评价公司会计数据反映经济现实的程度。分析者需要评价公司的会计政策、估计、方法，以及会计信息披露的详细程度，评价公司会计灵活性的性质和程度。为了得出可靠的结论，分析者必须调整报表的会计数据，以消除由于采用了分析者认为不恰当的会计规则而导致的扭曲。

由于公司相信经理人员最了解公司的经营和财务情况，因此通常允许经理人员在会计方面做出多项决策。在此过程中，经理人员会选择最适合公司的方法。然而，经理人员可能会利用会计决策来操纵报告的利润，因为利润通常被用作评估管理绩效的指标。

因此，可以按照以下程序来评价一个公司的会计质量。

第一，辨明关键的会计规则。

第二，评价会计政策的灵活性。

第三，评价会计的战术选择。

第四，评价披露质量。

第五，辨明潜在亏损。

第六，消除会计扭曲。

对在国际背景下进行会计分析的人来说，他们面临着两件事：①各国间会计计量质量、披露质量和审计质量的差异；②关于取得进行会计分析所需要的信息的难度。

（三）财务分析

财务分析的目的是评价公司当前和过去的业绩，并判断其业绩是否能持续，其中的指标分析和综合分析是财务分析中的重要工具。指标分析包括在同一行业内的公司之间的指标对比，某一公司在各个年度或各个会计期间的指标对比，或者把财务指标与一些独立的基准对比。通过指标分析可以理解财务报表中各项目的可比性，以及对一些相对重要项目的深入了解，指标分析还有助于评价经理人员的政策在经营管理、投资管理、财务战略和股利政策方面的有效性。

单个的指标分析往往会受分析者不同角度的影响，如资产负债率的高低就很难说一定是好或是坏，这取决于公司的持续盈利能力，取决于是站在银行的立场还是站在股东的立场；而销售净利率的高低也并不一定表明是好或是坏，因为这又取决于公司资产投入的高低。所以，最终的评价还需要从公司整体的角度，通过综合的财务指标分析，如杜邦分析、雷达图分析等来探讨诸如公司的业绩、资产质量、现金流量和管理上的许多相关问题，以便获得一个较为完整的评价。

（四） 前景分析

前景分析是对公司未来的预测，是商业分析框架的最后一步。预测和估价则是前景分析的两个主要步骤。

第一，预测。分析者可以作出明确的预测来表达他们对公司前景的评价。预测不是一项单独的活动，而是一种总括公司战略分析、会计分析和财务分析结果的方法。

第二，分析者把量化的预测转变为对公司价值的估计。在大多数公司的经营决策中，都会含蓄地或明确地运用估价。例如，估价是对权益分析者的投资建议的依据。在分析一项可能的合并时，潜在的收购者会估计被收购公司的价值。在实务中用到许多不同的估价方法，从复杂的方法，如折现现金流量分析，到以"价格基础倍数"为依据的比较简单的技术。

当然，就像做其他事情一样，分析财务报表也特别强调经验的积累，以及对报表分析思路规律的培养，并最终取决于分析者的认识。

第四章 内部控制及其评价标准

第一节　内部控制的目标与原则

一、内部控制的目标

"内部控制工作在一定程度上决定着企业的经济效益、发展方向，是确保管理体系有序运行的重要环节。"[①] 内部控制的目标即企业希望通过内部控制的设计和实施来取得的成效，主要表现为业绩的提高、财务报告信息质量的提高、违规行为发生率的降低等。确立控制目标并逐层分解目标是控制的开始，内部控制的所有方法、程序和措施无一不是围绕着目标而展开；如果没有了目标，内部控制就会失去方向。内部控制的目标是合理保证企业经营管理合法合规、资产安全、财务报告及相关信息真实完整，提高经营效率和效果，促进企业实现发展战略，上述目标是一个完整的内部控制目标体系不可或缺的组成部分，然而，由于所处的控制层级不同，各个目标在整个目标体系中的地位和作用也存在着差异。

（一）合规目标

合规目标是指内部控制要合理保证企业在国家法律和法规允许的范围内开展经营活动，严禁违法经营。企业的终极目标是生存、发展和获利，但是如果企业盲目追求利润，无视国家法律法规，必将为其违法行为付出巨大的代价。一旦被罚以重金或者被吊销营业执照，那么其失去的就不仅仅是利润，而是持续经营的基础。因此，合法合规是企业生存和发展的客观前提，是内部控制的基础性目标，是实现其他内控目标的保证。

内部控制作为存在于企业内部的一种制度安排，可以将法律法规的内在要求嵌入内部控制活动和业务流程中，从最基础的业务活动上将违法违规的风险降低到最小限度，从而合理保证企业经营管理活动的合法性与合规性。

---

①钱春容．财务管理内部控制存在的问题及应对措施［J］．中国集体经济，2023，742（14）：142.

（二）资产安全目标

资产安全目标主要是为了防止资产损失。保护资产的安全与完整，是企业开展经营活动的基本要求。资产安全目标有两个层次：①确保资产在使用价值上的完整性，主要是指防止货币资金和实物资产被挪用、转移、侵占、盗窃，防止无形资产被侵权、侵占等；②确保资产在价值量上的完整性，主要是防止资产被低价出售，损害企业利益，同时要充分提高资产使用率，提升资产管理水平，防止资产价值出现减损。为了保障内部控制、实现资产安全目标，首先必须建立资产的记录、保管和盘点制度，确保记录、保管与盘点岗位的相互分离，并明确职责和权限范围。

内部控制的基本思想在于制衡，因为有了制衡，两个人同时犯同一错误的概率大大减少，从而加大了不法分子实施犯罪计划、进行贪污舞弊的难度，进而保护企业的资产不被非法侵蚀或占用，保障企业正常经营活动的顺利开展。为了实现合理保证资产安全的控制目标，企业需要广泛运用职责分离、分权牵制等体现制衡要求的控制措施。

（三）报告目标

报告目标是指内部控制要合理保证企业提供真实可靠的财务信息及其他信息。内部控制的重要控制活动之一是对财务报告的控制。财务报告及相关信息反映了企业的经营业绩，以及企业的价值增值过程，揭示了企业的过去和现状，并可预测企业的未来发展，是投资者进行投资决策、债权人进行信贷决策、管理者进行管理决策和相关经济主管部门制定政策和履行监管职责的重要依据。此外，财务报表及相关信息的真实披露还可以将企业诚信、负责的形象公之于众，有利于市场地位的稳固与提升以及企业未来价值的增长。从这个角度来看，报告目标的实现程度又会在一定程度上影响经营目标的实现程度。

要确保财务报告及相关信息的真实完整，一方面应按照企业会计准则的相关要求如实地核算经济业务、编制财务报告，满足会计信息的一般质量要求；另一方面应通过内部控制制度的设计，包括不相容职务分离、授权审批控制、日常信息核对等来防止提供虚假会计信息。

（四）经营目标

提高经营的效率和效果（即有效性）是内部控制要达到的最直接也是最根本的目标。企业存在的根本目的在于获利，而企业能否获利往往直接取决于经营的效率和效果如何。企业所有的管理理念、制度和方法都应该围绕提高经营的效率和效果来设计、运行并进行适时的调整，内部控制制度也不例外。内部控制的核心思想是相互制衡，而实现手段则是一系列详尽而复杂的流程，这似乎与提高效率的目标相悖，实则不然。内部控制是科学化的管理方法和业务流程，其本质是对风险的管理和控制。它可以将对风险的防范落实到每个细节和环节当中，真正地做到防微杜渐，使企业可以在低风险的环境中稳健经营。

良好的内部控制可以从四个方面来提高企业的经营效率和效果：①组织精简，权责划分明确，各部门之间、工作环节之间要密切配合，协调一致，充分发挥资源潜力，充分有效地使用资源，提高经营绩效；②优化与整合内部控制业务流程，避免出现控制点的交叉和冗余，也要防止出现内控盲点，要设计最优的内控流程并严格执行，最大限度地提高执行效率；③建立良好的信息和沟通体系，可以使会计信息以及其他方面的重要经济管理信息快速地在企业内部各个管理层次和业务系统之间有效地流动，提高管理层的经济决策和反应的效率；④建立有效的内部考核机制，对绩效的优劣进行科学的考核，可以实行企业对部门考核、部门对员工考核的多级考核机制，并将考核结果落实到奖惩机制中去，对部门和员工起到激励和促进的作用，提高工作的效率和效果。

（五）战略目标

促进企业实现发展战略是内部控制的最高目标，也是终极目标。战略与企业目标相关联，是管理者为实现企业价值最大化的根本目标而针对环境做出的一种反应和选择。如果说提高经营的效率和效果是从短期利益的角度定位的内部控制目标，那么促进企业实现发展战略则是从长远利益出发的内部控制目标。战略目标是总括性的长远目标，而经营目标则是战略目标的短期化与具体化，内部控制要促进企业实现发展战略，必须立足于经营目标，着力于经营效率和效果的提高。只有这样，才能提高企业核心竞争力，促进发展战略的实现。要实现这一目标，应做到以下方面。

首先，由公司董事会或总经理办公会议制定总体战略目标，并通过股东代表大会表决通过，战略目标的制定要充分考虑外部环境和内部条件的变化，根据相应的变化进行适时的调整，确保战略目标在风险容忍度之内。

其次，将战略目标按阶段和内容划分为具体的经营目标，确保各项经营活动围绕战略目标开展。

再次，依据既定的目标实施资源分配，使组织、人员、流程与基础结构相协调，以便促成成功的战略实施。

最后，将目标作为主体从事活动的可计量的基准，围绕目标的实现程度和实现水平实行绩效考核。

二、内部控制的原则

所谓原则是指处理问题的准绳和规则。要使内部控制达到既定目标，即内部控制有效，就必须在内部控制的建立和实施过程中遵循一定的原则。建立和实施内部控制必须遵循以下四个原则。

（一） 全面性原则

全面性原则即内部控制应当贯穿决策、执行和监督全过程，覆盖企业及其组成部分的各种业务和事项。内部控制的建立在层次上应该涵盖企业董事会、管理层和全体员工，在对象上应该覆盖各项业务和管理活动，在流程上应该渗透到决策、执行、监督、反馈等各个环节，避免内部控制出现空白和漏洞。总之，内部控制应该是全程控制、全员控制和全面控制。

（二） 重要性原则

内部控制的重要性原则即内部控制应当在兼顾全面的基础上突出重点，针对重要业务和事项、高风险领域和环节采取更为严格的控制措施，确保不存在重大缺陷。基于企业资源有限的客观事实，企业在设计内部控制制度时不应平均使用资源，而应该寻找关键控制点，并对关键控制点投入更多的人力、物力和财力，即要"突出重点，兼顾一般"，着力防范重大风险。

（三） 制衡性原则

内部控制的制衡性原则要求内部控制应当在治理结构、机构设置及权责分配、业务流程等方面相互制约、相互监督。相互制衡是建立和实施内部控制的核心理念，更多地体现为不相容机构、岗位或人员的相互分离和制约。无论是在企业决策、执行环节还是在监督环节，如果不能做到不相容职务的相互分离与制约，那么就会造成滥用职权或串通舞弊，导致内部控制的失效，给企业经营发展带来重大隐患。

（四） 适应性原则

适应性原则的思想来源于"权变"理论。所谓权变，是指权宜应变。权变理论认为，企业要依据环境和内外条件随机应变，灵活地采取相应的、适当的管理方法，不存在一成不变的、普遍适用的"最好的"管理理论和方法，也不存在普遍不适用的"不好的"管理理论和方法。根据权变理论，建立内部控制制度不可能一劳永逸，而应当与企业的经营规模、业务范围、竞争状况和风险水平等相适应，并随着情况的变化及时加以调整。在当今日益激烈的市场竞争环境中，经营风险更具复杂性和多变性。企业应当根据内外部环境的变化，适时地对内部控制加以调整和完善，防止出现"道高一尺，魔高一丈"的现象。

第二节 内部控制的规范与要素

一、内部控制的规范

规范企业内部控制可以帮助企业避免风险和损失，提高竞争力和市场信誉。企业内部控制规范，具体如下。

第一，遵循内部控制的法律法规。企业在制定和实施内部控制制度时，必须遵循国家相关法律法规和企业内部规章制度。例如《企业内部控制基本规范》等法律法规，以及企业自身的内部管理制度。

第二，设立和完善内部控制机构和制度。企业应当设立完整的内部控制机构，明确内部控制职责、权力和监督机制，制定完备周密的内部控制制度和流程，规范各项业务活动的实施，确保内部控制的有效性和高效性。

第三，对内部控制进行评估和改进。企业应当定期对内部控制机制进行自我评估，并且可以聘请独立的第三方机构进行评估和审计，及时发现问题、解决问题。同时，企业管理者还要根据评估结果，不断完善和优化内部控制机制和制度，确保控制机制的前瞻性和实效性。

第四，加强内部控制培训和意识普及。企业内部控制体系的有效性和高效性需要得到全员的支持和落实，因此，企业管理者还要积极开展内部控制培训和意识普及工作，教育和引导员工遵守内部控制制度和规范，提高控制意识和自控能力。

第五，加强内部控制系统的信息化建设。随着信息化技术的不断普及和应用，企业内部控制系统也需要依托信息化技术进行升级和改进，构建数字化、智能化的内部控制体系。例如，建立适应企业业务需求的信息管理系统，实现业务流程的自动化和数字化，提高内部控制的可视化和透明度。

企业要严格依照这些规范进行内部控制机制的建设和管理，同时不断完善和改进内部控制制度，确保内部控制的有效性和高效性，为企业保障财产安全，提高管理水平，提升市场竞争力和信誉度。

二、内部控制的要素

内部控制通常被划分成若干个基本要素。这些要素及其构成方式，决定着内部控制的内容与形式。内部控制的五要素，即内部环境、风险评估、控制活动、信息与沟通和内部监督。

第一，内部环境。内部环境是企业实施内部控制的基础，一般包括治理结构、机构设置及权责分配、内部审计、人力资源政策、企业文化等。内部控制应用指引把这些方面归为内部环境要素。其中，治理结构是重中之重，企业实施内部控制应先从治理结构等入手。内部控制只有得到高层的充分重视，才能取得成功。如果主要领导人滥用职权，内部控制势必失效。内部控制是通过人来实施的，而企业文化则是企业的灵魂。内部环境是内部控制其他四个构成要素的基础，在企业内部控制的建立与实施中发挥着基础性作用。内部环境应充分体现企业业务模式、经营管理的特点以及内部控制的要求，与企业自身的规模、发展阶段相适应。

第二，风险评估。风险是指一个潜在事项的发生对目标实现产生的影响。风险评估是单位及时识别、系统分析经营活动中与实现内部控制目标相关的风险，合理确定风险应对策略。它是实施内部控制的重要环节。风险评估主要包括目标设定、风险识别、风险分析和风险应对等环节。风险与可能被影响的控制目标相关联。企业必须制定与生产、销售、财务等业务相关的目标，建立辨认、分析和管理相关风险的机制，以了解企业所面临的来自内部和外部的各种不同风险。在充分识别各种潜在风险因素后，要对固有风险（即不采取任何防范措施可能造成的损失程度）进行评估，同时，重点评估剩余风险（即采取了相应应对措施之后仍可能造成的损失程度）。企业管理层在评估了相关风险的可能性和后果，以及成本效益之后，要选择一系列策略将剩余风险控制在期望的风险承受度之内。

第三，控制活动。控制活动是指结合具体业务和事项，运用相应的控制政策和程序（或称控制措施）去实施控制。也就是在风险评估之后，单位采取相应的控制措施将风险控制在可承受的范围之内。控制措施一般包括：不相容职务分离控制、授权审批控制、会计系统控制、财产保护控制、预算控制、运营分析控制、绩效考评控制等。企业应通过采用手工控制与自动控制、防护性控制与发现性控制相结合的方法实施相应的控制措施。

第四，信息与沟通。信息与沟通是企业及时、准确地收集、传递与内部控制相关的信息，确保信息在企业内部、企业与外部之间进行有效沟通。信息与沟通是实施内部控制的重要条件。信息与沟通的主要环节有：确认、计量、记录有效的经济业务；在财务报告中恰当地揭示财务状况、经营成果和现金流量；保证管理层与单位内部、外部的顺畅沟通，包括与股东、债权人、监管部门、注册会计师、供应商等的沟通。信息与沟通的方式是灵活多样的，但无论哪种方式，都应当保证信息的真实性、及时性和有用性。

第五，内部监督。内部监督（即监控）是单位对内部控制建立与实施情况进行监督检查，评价内部控制的有效性，对发现的内部控制缺陷，及时加以改进。它是实施内部控制的重要保证，是对内部控制的控制。内部监督包括日常监督和专项监督。监督情况应当形成书面报告，并在报告中揭示内部控制的重要缺陷。内部监督形成的报告应当有畅通的报告渠道，确保发现的重要问题能及时送达董事会、监事会和经理层，同时，应当建立内部控制缺陷纠正、改进机制，充分发挥内部监督效力。

第三节　内部控制审计与内部控制评价

"对于企业来说，加强内部审计质量控制，提升自身的内部审计水平，能够有效地强化企业对风险的持续预警监测、及时地揭示内控薄弱环节、有效地补足经营管理漏洞并促进企业的稳定经营与发展。"①

一、内部控制审计

（一）内部控制审计的根本目的

内部控制审计的根本目的是合理地保证组织实现一定目标：遵守国家有关法律法规和组织内部规章制度；信息的真实、可靠；资产的安全、完整；经济有效地使用资源；提高经营效率和效果。

内部控制是组织为实现一定目标所采取的一系列政策和程序，对内部控制进行审计是为了保证这些目标的实现。

内部审计的重要工作之一是审查被审计单位的内部控制的适当性、合法性和有效性，通过对内部控制的审查和评价，促进整个管理活动不断优化。对内部控制审计的目标、内部控制的组成要素、审查重点与评价方法等内部控制审计的一般性内容进行详细的规范，既有助于指导内部审计人员辅助被审计单位建立健全内部控制，也能为内部审计人员审查评价内部控制的具体程序提供依据。

（二）内部控制审计的描述方法

1. 文字叙述方法

文字叙述方法是通过文字对内部控制活动做出详尽的描述。该方法的优点是：编制灵活，适用面广。其缺陷是：较主观，一般篇幅较长，难以突出重点，须不断地跟踪描述内部控制发展动态，造成重复劳动。

---

①曹佩佩.内部控制评价与内部审计关系浅析［J］.财会学习，2019，237（28）：150.

2. 调查问卷方法

调查问卷方法是由内部审计人员在考虑被审计单位的具体特点的情况下，利用经验列出防止或发现各类交易可能发生错弊所必需的内部控制，使之反映在一系列表格上，由被审计单位有关人员根据内部控制运行的事实作答。

优点：简明概括，有利于无经验的内部审计人员审查评价内部控制，也便于复核检查；也可由不同人员同时审查，提高工作效率。

缺陷：表格形式固定，缺乏弹性，不能充分反映被审计单位内部控制的状况，一旦表格内容设计有误，最终审计结论会出现问题。

3. 流程图方法

流程图方法是利用一系列符号、连线及注解来反映被审计单位内部控制各个作业环节的概略图表。

优点：能直观形象地反映内部控制的运行过程、关键控制点及薄弱环节，便于揭示控制系统中各组成部分的内在联系；便于修改及供以后年度使用。

缺点：绘制流程图费用成本较高，需专门知识；当业务环节较多时，会导致重点不集中。

（三）内部控制审计的主要流程

1. 观察

观察是指在进行测评时，内部审计人员亲临工作现场，实地观察有关人员的工作情况，以确定既定控制措施是否有效的方法。

2. 询问

询问是指为了解公司内部控制设计是否合理、执行是否符合要求，而向有关人员询问情况的方法，包括口头询问和书面询问。测评人员应对询问的结果进行分析、判断。

3. 问卷调查

问卷调查是指通过发放事先设计好的调查问卷，要求相关人员填写、回答以了解内部控制设计、执行情况的方法。

4. 讨论

讨论是指通过部门内部、各部门之间的集体研讨，测评内部控制有效性的方法。

5. 文件检查

文件检查是指抽取内部控制生成的记录和文件，检查内部控制是否有效实施的方法。

例如，通过检查借款审批单上的有关负责人签字，核实资金支付是否经过恰当的授权审批。

6. 重新执行

重新执行是指重新执行某项内部控制程序，验证既定的控制措施是否正确执行的方法。

7. 穿行测试

穿行测试是指选取某一交易样本，从该交易开始到授权、记录和处置，并经过信息处理系统，最终反映在财务报表上的整个过程进行追踪、测试。通过穿行测试，有助于内部审计人员对内部控制进行详细了解，并有助于判断内控设计和执行的缺陷。

(四) 内部控制审计结果沟通

1. 内部控制审计结果沟通的目的

审计结果沟通是为了保证审计结果的客观、公正，并取得被审计单位、组织管理层的理解。内部审计机构与被审计单位、组织管理层进行结果沟通，可以跟对方交流看法，听取对方的意见，从不同角度去检验审计结论和建议，对可能存在的错误或不当之处进行修正，以保证审计结果的客观、公正。同时，在与被审计单位、组织管理层的交流中，争取对方的理解和支持，以确保审计结论和建议的落实和贯彻。可见，审计结果的交流与沟通是内部审计机构与被审计单位、组织及管理层交流看法，并取得理解和支持的过程，是内部审计机构与被审计单位建立良好人际关系，推动内部审计工作顺利进行的一个重要环节。审计概况、依据、结论、决定或建议都是审计报告的内容，在正式提交审计报告之前，就这些内容和被审计单位、组织管理层进行沟通，能确保审计结果的客观、公正，促进审计结论和建议的落实和贯彻。

内部审计机构应当建立沟通制度，使内部审计人员与被审计单位、组织管理层等相关主体及时、有效的沟通成为内部审计活动中必不可少的工作。在组织规模较大或者审计工作涉及人员数量较多的情况下，如果条件具备，内部审计机构可以针对具体的审计项目制订沟通计划。根据具体审计项目的审计目的，充分考虑沟通目的、沟通内容、沟通方式和沟通对象进行沟通规划，以便于内部审计人员遵照执行。

被审计单位应当配合内部审计机构，认真、充分地进行沟通，并及时向内部审计机构反馈意见。被审计单位的配合，不仅有助于确保审计结论客观、公正，而且有助于内部审计机构针对审计中发现的问题提出合理、可行的审计建议。

2. 内部控制审计结果沟通的意义

内部审计人员的工作贯穿于整个组织，需要与组织内部的各个部门打交道，测试和评价他们的工作，并将审计中发现的问题和改进建议向管理层报告。出具内部审计报告就是为了促使组织管理层及时纠正在审计中发现的问题，进一步完善内部控制制度。

加强与被审计单位之间的结果沟通，有助于避免审计双方发生不必要的冲突，或在冲突发生之后，缓解冲突造成的损害，实施有效的冲突管理；内部审计人员倘若能取得被审计单位对审计结果的理解和支持，将有助于审计结论和建议的贯彻落实。而加强与组织管理层的结果沟通，有助于提醒管理层对审计发现问题严重性和审计建议可行性的认识，进而督促被审计单位及时采取纠正措施，改善自己的营运和管理。取得管理层，尤其是最高管理层对内审计结果的理解和支持，是有效开展内部审计工作的重要保证。

因此，内部审计人员对在审计中发现的问题和提出的改进建议首先要与被审计单位及组织管理层沟通，对被审计单位之间存在的潜在的冲突或不同意见，更需要及时交流与沟通以消除误会或达成一致意见，然后再撰写正式的审计报告，以确保内部审计报告的可信度。

3. 内部控制审计结果沟通的方式

审计结果沟通一般采取书面或口头方式，也可采用其他适当方式。

书面沟通的优点在于沟通的信息通过书面形式可以得到清晰、明确的表达，当书面信息内容比较复杂，或者信息量较多时，读者有充裕的时间进行研究和思考；书面沟通的资料容易归档保管，而书面沟通的缺点，则是当读者在阅读书面资料时，如果存在疑问，可能得不到及时解答，并可能因此而造成误解，使沟通的效果和效率受到影响。

口头沟通的优点在于内部审计人员可以很快得到反馈，可以及时听取对方的意见和建议，并可立即做出回答和解释；缺点在于交流时可能有多种噪声，会影响听者的信息接收和处理。另外，口头沟通的信息在发出前不可能像书面资料那样得到充分的编辑和修改，可能会传达出错误的信息，而且口头沟通的信息无法存档。

此外，内部审计人员还可以通过图片等其他适当的方式与审计单位、组织管理层等进行沟通。

4. 内部控制审计结果沟通的时机

审计结果沟通应当在内部审计人员正式提交审计报告之前进行。这是为了保证审计结果的客观、公正，保证审计工作的质量。在审计报告正式提交之前，内部审计机构与被审计单位、组织管理层进行及时、充分的沟通，可以避免因疏忽或者失误而形成错误的审计结论和建议。

5. 内部控制审计结果沟通的内容

（1）我国内部审计准则的相关规定。审计结果沟通的基本内容，根据准则规定，内部审计机构与被审计单位、组织管理层沟通的主要内容包括以下五个方面。

第一，审计概况，是指对本次审计活动的立项依据、审计目的和范围、审计重点和审计标准等内容的概括说明。

第二，审计依据，是指内部审计人员所遵照执行的内部审计准则。

第三，审计结论，是指内部审计人员根据审计过程查明的事实或问题，对其可能产生的影响所做的评价。

第四，审计决定，是指内部审计人员针对审计发现的问题所提出的处理、处罚意见。

第五，审计建议，是指内部审计人员针对审计发现的问题提出的一些解决方案、措施等。

这些沟通内容大致可以概括整个审计项目的总体状况，让相关主体了解整个审计项目的来龙去脉。

（2）现场审计结束前与被审计单位的沟通。内部审计机构通过与被审计单位的沟通，可以听取被审计单位对审计中发现的问题的解释，并了解他们对审计结论和建议的意见。如果内部审计人员发现由于自己的疏忽和失误导致审计结论和建议存在错误，就应当及时进行更正。与此同时，在交流的过程中，内部审计机构可以向被审计单位解释自己的立场、形成审计结论的依据以及所提审计建议的原因，争取被审计单位的理解和支持。只有这样，才有助于审计结论和建议的最终落实和贯彻。

在审计项目的实施过程中，内部审计人员应注意加强与组织管理人员及被审计单位的相关人员的交流。审计项目负责人应在实施必要的审计程序后编制审计报告，并就审计报告中所提出的审计结论、审计建议等与组织管理层进行沟通并得到征求意见。这是内部审计项目过程中必不可少的一个环节。一般情况下，在现场审计结束前，内部审计人员应与组织管理层通过召开"撤点会议"届时讨论在审计中发现的问题和提出的改进建议。"撤点会议"是内部审计人员在正式签发内部审计报告前针对内部审计报告内容与组织管理层之间的一次正式沟通，其目的是取得组织管理层对审计中发现的问题和提出的改进建议的认可，特别是要得到组织管理层对审计中发现的问题和问题产生原因的确认。讨论的重点在于弄清问题的实质，在不影响对问题实质的确认和理解的情况下，内部审计人员可以考虑按更易于被组织管理层接受的表达方式来调整内部审计报告。

另外，"撤点会议"也是内部审计人员显示自身价值、提供富有建议性专业服务的好时机，有利于内部审计机构和人员更好地协助组织管理层促进组织目标的实现，为组织创造价值。同时，通过这种深层次的沟通和讨论，有利于内部审计机构和人员与被审计组织建立更好的合作关系。

内部审计机构与被审计单位进行结果沟通时，应注意沟通技巧，进行平等、诚恳、恰当、充分的交流。沟通是一种双向的交流，因此进行结果沟通的内部审计人员应当清晰、完整地表达自己的想法，能让对方充分理解自己所要表达的信息，同时，也应当认真听取对方的想法和意见，能理解对方所传达出来的信息。在沟通前，应当进行充分的准备，确定所要表达的信息内容，并考虑需要从对方那里获取哪些信息。此外，还应当注意沟通的时间和地点，并根据沟通对象的特点，采取适当的沟通方式，这样才能保证良好的沟通效果。

（3）与组织管理层的沟通。内部审计机构与组织管理层的沟通，主要是汇报在审计过程中发现的重大问题，向他们征求对审计结论和审计建议的意见，以及解释相应审计结论和建议的合理性和必要性。因为组织管理层是可能采取纠正措施的人，他们通常能对内部审计人员在审计中发现的问题采取措施予以解决或者能确保措施的执行，向他们征求这方面的意见，可以保证结论或建议的可行性等。因此，取得组织管理层的理解和支持是促使内部审计工作有效开展的保证。而与被审计单位相关人员的交流，则可以给被审计单位一个就具体问题进行解释澄清的机会。因为被审计单位最了解业务的具体情况，在具体问题背后是否存在某些客观因素导致了问题的产生。只有与被审计单位进行交流，才可能防止内部审计人员做出错误的判断，得出错误的结论和建议。

当然，内部审计人员在内部审计报告中提出的审计结论、审计意见和建议应当在审计过程中就已经开始与相关方面进行讨论和协商，而不是突然在报告中提出。如果被审计单位对审计报告持有异议，审计项目负责人及相关人员应进行研究、核实。确实属于内部审计人员对某些问题存在错误的判断时，应及时进行调查、复核，必要时应修改审计报告。审计报告经过必要的修改后，审计项目负责人应及时将审计报告送内部审计机构负责人复核。

此外，由于被审计单位对问题的解释说明及意见有助于报告使用者理解审计报告，内部审计人员还应当在报告附件中附上被审计单位的反馈意见。

（五）内部控制审计报告的出具

1. 审计报告的基本要素

审计报告包括的基本要素有：标题；收件人；正文；附件；签章；报告日期。

2. 审计报告的主要内容

（1）标题。审计报告的标题应当包括被审计单位名称、审计事项的主要内容和时间。

（2）收件人。审计报告的收件人应当是被审计单位和组织管理层。审计报告应当载明收件人的全称。

（3）正文。通常情况下，审计报告的正文内容应由：审计概况、审计依据、审计结论、审计决定、审计建议等部分组成。但是由于审计对象和审计类型的变化，审计报告的内容并非一定完全由以上部分组成，内部审计人员可视具体审计项目的情况决定审计报告的内容。但仍应至少对审计目的、审计范围和结论做出说明。

审计概况——包括审计概况、审计目的和范围、审计重点和审计标准等内容。

审计概况：应说明确定本次审计项目的原因，是属于内部审计机构年度审计计划安排的审计项目或属于出自管理需要临时补充修订年度审计计划的项目等。同时，应清楚、详细地陈述本次审计的目的，以帮助报告的使用者可以从报告中了解所获得的内容，且能够帮助他们很容易地找到所需要的信息。

审计范围：对审计项目的审计范围应进行说明，如存在未进行审计的领域，应在报告中指出，特别是某些受到限制无法进行核查的项目，应说明受限制无法审查的原因。如果有某些项目受到限制而未在报告中指出，可能造成报告的使用者误以为审计人员已经对审计项目涉及的所有内容全部进行了审计。另外，应结合审计目的和被审计对象的实际情况，就此次审计项目的重点、难点进行说明，并说明针对这些困难采取了何种措施及其效果。

审计标准：审计人员对经营活动和内部控制做出审计判断的依据。在财务审计中的审计标准主要是会计准则和会计制度，这是国家已经做出统一规范的。管理审计中的审计标准往往没有统一的规范，需要组织管理层根据组织情况制定适当的标准。例如，在经济性审计中的审计标准主要是组织管理层已经制订的各种计划、预算、业务标准和技术标准等。

审计依据——应声明内部审计是按照内部审计准则的规定实施。内部审计准则是内部审计人员在实施内部审计活动时必须遵循的执业规范，是保证内部审计工作质量的重要保障，因此审计报告中应声明这个重要的审计依据。但是由于每个审计项目的具体情况不同，当确实无法按照准则要求执行必要的程序时，应在审计报告中陈述理由，并就可能导致的对审计结论、审计决定和整个审计项目质量的影响做出必要的说明。

审计结论——指内部审计人员根据审计过程查明的事实或问题，对其可能产生的影响做出评价。审计结论部分是审计报告中的重要组成部分。在做出审计结论时，应针对本次审计的目的、原因，根据已掌握证据和已查明事实，对被审计单位的经营活动和内部控制做出评价，并应就本次审计最终是否达成预期的目标做出说明。

审计人员在提出审计结论时，应列示有证明力的事实作为结论的支持。同时，如果被审计单位内部控制良好，组织管理有序、高效，审计人员也应对被审计单位良好的运作情况进行适当的赞誉，特别要避免在审计报告中仅反映被审计单位的缺点，而不反映优点和进步之处。这也有益于内部审计人员与被审计对象之间建立良好的合作关系。

审计决定——内部审计人员在审计报告中可能针对审计发现的主要问题提出的处理、

处罚意见，供组织管理层参考。该审计决定的权威性取决于组织管理层对内部审计机构的授权。

审计建议——内部审计人员根据组织的实际情况，针对审计过程中发现的问题提出的一些解决方案、措施等。审计建议的基础是内部审计人员的审计发现和审计结论。审计建议的目的在于帮助组织的管理层对审计发现的问题做出改进或纠正。但是审计建议的采纳与否，取决于管理层对综合情况的理解和判断。

审计人员在提出建议时，应充分考虑被审计单位所处环境及建议执行的成本，以确定实施审计建议所带来的效益是否大于实施成本。

审计建议可以是具体、详细的纠正措施或改进方案，也可以是概括性的综合意见，或者也可能仅仅是建议组织管理层进行调研等。

附件、签章和报告日期——审计报告的附件，应当包括对审计过程与审计发现问题的具体说明、被审计单位的反馈意见等内容。在审计报告的正文中，主要是对审计过程和审计发现的重点问题进行概括性的介绍，在附件中，应对整个审计过程和审计发现的各类问题进行比较详细的说明和介绍，使报告使用者可以在必要的时候，通过附件内容对整个审计项目进行全面的了解。此外，在审计报告的编制过程中，审计人员应当就审计结论、审计意见和建议与被审计单位进行必要和适当的沟通、协调，被审计单位的反馈意见，应当作为附件的一部分，让报告使用者同时了解被审计单位的意见和立场。审计报告的签章和报告日期，内部审计报告应当由内部审计机构签章。内部审计报告的日期应当是内部审计人员完成审计工作的日期。

3. 审计报告的分级复核制度

为了确保审计质量，提高审计工作效率，减少差错，及时发现和解决问题，避免或降低审计风险，内部审计机构应该建立健全审计报告分级复核制度，在提交最终的审计报告之前，应对审计报告的编制进行分级复核，并明确规定各级复核的要求和责任。

（1）复核人。复核工作应由内部审计机构的负责人或其指定的具有丰富经验的人员承担。审计报告的最终复核人应由内部审计机构的负责人担任。具体设置多少个级别的复核层次视审计项目的复杂程度和内部审计机构的规模、人员配备等各种因素而定。

（2）复核的基本内容。复核人应对审计工作底稿进行综合、全面的复核，复核的基本内容包括：①检查是否实施所有必要的审计程序，运用的审计方法是否恰当有效，是否遗漏重要的事项；②所收集的审计证据是否达到标准，审计依据是否恰当，审计判断是否准确，是否支持最终的审计结论、审计决定、审计建议；③审计报告中的审计结论、审计决定、审计建议是否明确、恰当，是否存在错误表述。

4. 审计报告的相对保证

组织的经营活动和内部控制是内部审计的主要审计对象，由于这些审计对象自身的局限性，例如，即使是设计完善的内部控制，也可能由于内部人员的串通或者工作人员的疏忽等原因而失效，因此，审计风险总是客观存在的。同时，内部审计人员只能对所审查的对象在合理的水平上进行抽样审计，而不可能对所有项目都进行详细审计。抽样审计方法也决定了审计人员不可能发现审计事项中存在的所有错误。因此，内部审计人员对被审计单位的经营活动和内部控制做出的评价并不能保证绝对正确，只能是其适当性、合法性和有效性的相对保证。

（六）内部控制审计人员道德及教育

1. 内部审计人员的职业道德

（1）内部审计职业道德的含义。内部审计职业道德是指对内部审计人员的职业品德、职业纪律、专业胜任能力及职业责任等的总称。

第一，职业品德。职业品德是指内部审计人员所应当具备的职业品格和道德行为。它是职业道德体系的核心部分，其基本要求是独立、客观、正直、勤勉。

第二，职业纪律。职业纪律是指约束内部审计人员职业行为的法纪和戒律，尤指内部审计人员应当遵循职业准则及国家其他相关法规。

第三，专业胜任能力。专业胜任能力是指内部审计人员所应当具备的胜任其专业职责的能力。

第四，职业责任。职业责任是指内部审计人员对国家、组织、员工和其他利害关系人所应当履行的责任。

（2）内部审计职业道德的必要性。内部审计职业道德是指内部审计人员的职业素质、职业品德、专业胜任能力以及职业责任的总称。内部审计职业道德规范是对内部审计人员职业行为的标准规范。

内部审计是组织内部的一种独立、客观的监督和评价活动，它的目的是通过对组织的经营活动及内部控制的适当性、合法性和有效性进行审查、评价，促进组织目标的实现。内部审计是专业性较强的职业，这一职业的复杂性使外部人员难以对内部审计过程及内部审计人员的工作做出评价。因此，有必要针对内部审计人员制定职业道德规范，对他们在工作中的操守、品质进行约束，促使他们认真工作。同时，职业道德规范的建立是内部审计职业取得外界理解与支持、增加外界对内部审计职业的信赖的必然要求。

自20世纪80年代内部审计重新登上历史舞台的几十年来，内部审计为我国社会主义市场经济健康、规范地发展做出了很大的贡献。但由于历史和现实的种种原因，内部审计人员尚未普遍树立起强烈的风险意识、责任意识和道德意识，还存在一些有违职业道德的现象。因此，在建立社会主义市场经济体制的进程中，强调内部审计人员的职业道德有更深刻的现实意义和深远的历史意义。

（3）内部审计职业道德的目的。制定内部审计人员职业道德规范的目的，具体概括为以下三个方面。

第一，确立衡量内部审计人员行为的道德标准，约束内部审计人员的职业行为，促使内部审计人员恪守独立、客观、正直、勤勉的原则，以应有的职业谨慎态度提供各种专业服务，有效发挥内部审计的监督、评价与服务作用。

第二，明确内部审计人员的职业要求和职业纪律，促使内部审计机构和内部审计人员遵守内部审计准则及相关的职业准则；不断提高技术技能和道德水准，维护和提高内部审计人员的职业形象；取得外界理解和支持，增加外界对内部审计职业的信赖。

第三，明确内部审计人员的职业责任，维护内部审计人员的正当权益，维护国家利益、组织利益、员工利益，保护投资者和其他利害关系人的合法权益，促进社会主义市场经济的健康发展。

内部审计职业道德规范适用于内部审计人员和内部审计机构执行业务的全过程和对各类组织所进行的内部审计。

（4）内部审计职业道德的要求。内部审计职业道德的基本要求包括两个方面：一是严格遵守中国内部审计准则及中国内部审计协会制定的其他规定，二是不得从事损害国家利益、组织利益和内部审计职业荣誉的活动。

第一，内部审计人员在履行职责时，应当严格遵守中国内部审计准则及中国内部审计协会制定的其他规定。我国内部审计准则的制定是在参考了国际内部审计师协会所颁布的内部审计实务标准的基础上，结合我国的经济情况及内部审计工作的实际情况制定的，具有一定的科学性、现实性和前瞻性。

中国内部审计准则包括内部审计基本准则、内部审计具体准则和内部审计实务指南三个层次。

内部审计基本准则是内部审计准则的基础，是制定具体准则和实务指南的依据；内部审计具体准则是对内部审计人员实施内部审计活动过程中具体问题的规范；内部审计实务指南是针对内部审计过程中具有典型意义或特殊业务制定的规范性指南。

内部审计基本准则和内部审计具体准则针对内部审计工作各个环节中的重大问题提出了原则性的指导，具有操作性，又有一定的灵活性。它是内部审计人员在实施内部审计时必须遵循的执业标准，内部审计人员应认真遵守内部审计准则等规定；内部审计实务指南只是提供一个示范和模板的作用，不要求内部审计人员在执业过程中强制执行。这是内部审计规范的首要要求。

第二，内部审计人员不得从事损害国家利益、组织利益和内部审计职业荣誉的活动。内部审计人员作为组织经营活动和内部控制的评价者与监督者，应保持自身的诚实、正直，忠于国家，忠于组织，维护职业荣誉，不能从事有损国家利益、组织利益和内部审计职业荣誉的活动。

（5）内部审计职业道德的原则。独立、客观、正直、勤勉、廉洁是内部审计人员所应具备的最基本的职业品质，是从事内部审计职业所必须具备的基本条件。

第一，独立原则。独立性是审计的基本特征，是审计的灵魂。独立原则是指内部审计人员执行审计业务应当在实质上和形式上独立于审计对象。

实质上的独立：也称事实上的独立，它要求内部审计人员与审计对象之间必须实实在在地毫无利害关系，与审计对象之间不存在任何可能的潜在利益冲突，不能负责被审计单位的经营活动和内部控制的决策与执行。这样才能以客观、公正的心态发表意见，在发表意见时其专业判断不受影响，公正执业，保持客观和专业怀疑。实质上的独立包括三个环节的独立性，即计划环节、实施环节和报告环节的独立性。

形式上的独立：也称面貌上的独立，它是针对第三者而言的。内部审计人员必须在第三者面前显现出一种独立于审计对象的身份，即在他人看来，内部审计人员是独立的，这样才能使内部审计结果为使用者所信任。

第二，客观原则。客观原则是指内部审计人员对有关事项的调查、判断和意见表述，不受外来因素的影响，应当基于客观的立场，以客观事实为依据，实事求是，不掺杂个人的主观愿望，也不为委托单位或第三者的意见所左右；在分析、处理问题时，不能以个人的好恶或成见、偏见行事。要求内部审计人员在执业中必须一切从实际出发，注重调查研究。它和独立性密不可分，是审计人员在进行内部审计活动时应坚持的一种精神状态。

第三，正直原则。正直原则是指内部审计人员应当将国家、组织、员工利益置于个人利益之上，正直、诚实，明辨是非，坚持正确的行为、观点，不屈服于压力，按照法律及职业要求，遵守法律，不偏不倚地对待有关利益各方，不应以牺牲一方利益为条件而使另一方受益。

第四，勤勉原则。勤勉原则是指内部审计人员应勤勉工作，减少因疏懒而带来的错误、疏忽和遗漏以降低审计风险。

第五，廉洁原则。廉洁原则是指内部审计人员在履行职责时，应当保持廉洁，不得从被审计单位获得任何可能有损职业判断的利益。

从被审计单位收取利益，会使内部审计人员的独立性、客观性受到损害，内部审计人员对被审计单位所作审查和评价的公正性、客观性不可避免地都会受到怀疑，从而与组织的利益相悖，甚至带来损害。这里所指的"可能有损职业判断的利益"，包括内部审计人员自身或其亲属可能从被审计单位获取的各种直接和间接的利益。

（6）内部审计职业谨慎和职业判断。内部审计职业道德要求"内部审计人员应当保持应有的职业谨慎，并合理使用职业判断"。

第一，职业谨慎。

应有的职业谨慎要求内部审计人员应该具备谨慎的态度和技能。内部审计人员在实施内部审计活动时，应具备一丝不苟的责任感，秉持应有的职业谨慎，注意评价自己的能力、知识、经验和判断水平是否胜任所承担的责任，严格遵守职业技术规范和道德准则，对其所负责的各项业务妥善规划与监督。根据所审查项目的复杂程度，运用必要的审计程序，警惕可能出现的错误、遗漏、消极怠工、浪费、效率低下、利益冲突等情况，还应小心避免可能发生的违法乱纪的情形等。对审查中发现的控制不够充分的环节，应提出合理可行的改进措施。

应有的职业谨慎只是合理的谨慎，而不是意味着永远正确、无差错，内部审计人员只能是在合理的程度上开展检查和核实的工作而不可能进行详细的检查，内部审计工作并不能保证发现所有存在的问题。

第二，职业判断。审计职业判断是审计工作的重要组成部分，它贯穿整个审计工作的全过程，从对被审计单位的选择、内部控制制度测试结果的评估、重要性原则的运用、审计抽样方法的选择及其结果的评价，直至决定审计意见的表达，都离不开审计人员的职业判断。职业判断水平的高低会直接影响到审计工作的成败。因此，合理使用职业判断、提高职业判断的准确性是降低审计风险和实现审计目标的一个重要途径。职业判断除了依据专业标准外，在很大程度上还依赖于审计人员的自身经验，通过审计人员的职业判断可以将审计风险降低到一个合理的可接受水平。职业判断的准确性越高，审计风险水平就越低；反之亦然。

（7）内部审计职业的保密性。由于内部审计工作的性质决定了内部审计人员经常会接触到组织的一些机密的内部信息，内部审计人员对执行业务过程中知悉的商业秘密、所掌握的被审计单位的资料和情况，应当严格保守秘密。这一责任不因审计业务结束而终止。

在内部审计机构及外勤工作处所以外的任何地点和场所均不应谈论可能涉及被审计单位机密的情况；除非得到被审计单位的书面允许或法律、法规要求公布者外，不得提供或泄露给第三者，也不能将其用于私人目的；要防止因为这些信息与资料的泄露而给组织带来损失；还应当采取措施，确保协助其工作的业务助理人员和专家信守保密原则。当然，保密责任不能成为内部审计人员拒绝按专业标准要求揭示有关信息、拒绝出庭作证的借口。

在通常情况下，内部审计人员应当对执业过程中获悉的被审计单位的信息保密，但是如果被审计单位存在违法、违规行为，就面临着法规强制内部审计人员披露信息的要求。

内部审计人员在以下情况可以披露被审计单位的有关信息。

第一，取得被审计单位的授权。

第二，根据法规要求，为法律诉讼准备文件或提供证据，以及向有关机构报告发现的违反法规行为。

第三，向组织管理层报告有关信息。

内部审计机构应制定严格的审计档案管理制度，限制无关人员对审计档案资料的接触。

（8）内部审计信息披露。内部审计人员有责任将审计过程中所了解的重要事项如实进行反映，在审计报告中应客观地披露所了解的全部重要事项；否则，可能使所提交的审计报告产生曲解或使潜在的风险不为组织的管理层所重视。

在内部审计活动中，内部审计人员可能会碰到这样一种情况，即发现一些可能对组织产生重大影响的现象，但是又没有足够充分的证据表明一定会产生影响。在这种情况下，内部审计人员不能隐瞒这些事项，应当在审计报告中进行客观的披露，但不能随便得出结论。

在决定披露客户的有关信息时，内部审计人员应当考虑以下因素。

第一，是否了解和证实了所有相关信息。

第二，信息披露的方式和对象。

第三，可能承担的责任和后果。

（9）内部审计人员交流与沟通。内部审计职业道德要求内部审计人员应具有较强的人际交往技能，妥善处理好与组织内外相关机构和人士的关系。

内部审计工作的性质决定了内部审计人员经常需要与组织内外的不同机构和人士进行接触、交流与沟通。内部审计人员的工作需要揭露被审计单位的错误或不足之外，因此，内部审计人员与被审计对象之间存在潜在的冲突倾向。处理好与被审计对象之间的人际关系，增加交流与合作，可以减少被审计对象的抵触情绪，减少工作阻力，对顺利开展内部审计工作具有良好的促进作用。另外，内部审计是为组织服务的，与组织管理层以及被审计单位以外的其他部门和人员保持良好的人际关系，也是提高服务质量、促进组织目标实现的必然要求。内部审计人员在人际关系的处理中应注意保持内部审计的独立性和客观性。

2. 内部审计人员的专业胜任能力

内部审计人员要提供高质量的专业服务，除了必须具有良好的职业品德外，还必须具备较强的业务能力。对内部审计人员的专业胜任能力的要求主要包括以下内容：

（1）总体要求。内部审计人员应当保持和提高专业胜任能力，遵守内部审计准则等职业规范，合理运用会计准则及国家其他相关技术规范。

（2）专业胜任能力的要求。内部审计人员必须拥有实施内部审计活动所必需的知识、技能和其他能力。

内部审计人员所掌握的专业知识应达到这样的水平：既能发现组织在经营过程中存在的或潜在的问题，提出解决问题的建议，并将审计结果清楚地表达出来，经济、有效地完成审计业务。

（3）具体要求。

第一，不得从事不能胜任的业务。如果内部审计人员不具备完成某项专业服务的专业知识、技能或经验，但却从事了这样的业务，其后果往往导致审计质量无法满足有关各方的需要或维护国家、组织、员工的利益。因此，首先，内部审计机构不能进行业务能力不能胜任或不能按时完成的业务；其次，内部审计机构不得委派内部审计人员承办其专业能力不能胜任的业务；最后，内部审计人员不得担任其专业能力不能胜任的工作。

第二，内部审计人员不得宣称具有不具备的专业知识、技能或经验。如果内部审计人员依法取得了从业资格证书，就表明在该领域具备了一定的知识。一个合格的内部审计人员不仅要充分认识自己的能力，对自己充满信心，更重要的是必须清醒地认识到自己在专业胜任能力方面的不足，不高估、不虚报。如果内部审计人员缺乏足够的知识、技能和经验，但却宣称自己具有提供专业服务的知识、技能或经验，就构成了一种欺诈。

第三，对助理人员和其他专业人员的责任。审计项目负责人要对助理人员和其他专业人员的工作结果负责，要求对助理人员和其他专业人员的业务能力进行评价；业务执行之前对其进行必要培训；在业务执行过程中，对其进行切实的指导、监督、检查。

（4）利用专家工作。内部审计人员并非所有领域的专家，可能并不具备完成特定局部业务的专业知识、技能或经验，所具备的专业知识并不能保证对审查的所有事项都能做出合理的判断。在聘请有关专家时，内部审计机构应当对有关专家的独立性和专业胜任能力进行评价；内部审计人员要对专家的工作结果负责。同时，内部审计人员在利用专家工作时，不仅自己遵守职业道德，也应当提请并督导专家遵守职业道德，确保执业质量。

3. 内部审计人员的执业能力

（1）内部审计人员执业能力的基本要求。审计作为一项社会经济活动，有着悠久的历史。随着社会经济和审计事业的发展，人们对审计的认识在不断深化，审计的地位也在不断提高。随着社会经济的发展，当前审计工作所涉及的事项越来越复杂，综合性也越来越强，对审计人员的素质提出了新要求。培养造就精通审计业务、掌握审计发展规律、熟练运用现代审计技术方法的高层次和高技能审计人才，是实现审计工作适应时代发展、与时俱进、保持长久生命力的根本途径。

内部审计人员要提供高质量的专业服务，必须具备较强的执业能力。对内部审计人员的执业能力的基本要求包括：政治素质，职业道德，职业作风，业务素质，综合素质。

第一，政治素质。内部审计人员的政治素质主要包括以下五个方面。

有高度的责任感和使命感，认真履行法律赋予自己的神圣职责，始终保持坚定的政治立场，不断增强政治意识、政治敏锐性和政治责任感，依法履行审计监督职责，努力做一名人民利益的忠诚捍卫者，为经济建设保驾护航。

有正确的世界观、人生观、价值观，这是每个内部审计人员必须具有的最基本的政治素养。坚持自尊、自重、自律原则，牢固树立正确的世界观、人生观、价值观、荣辱观，实现自我完善。在审计工作岗位上，诚实守信、勇于开拓、积极进取、严格执法、依法审计，规范审计行为，提高审计质量，认真履行其职责，高质量地完成本职工作。

有坚定的职业理念。内部审计人员要有热爱本职、献身审计的职业理想。强调敬业爱岗，提倡干一行、爱一行、钻一行，正确地调整个人和职业、审计工作服务对象之间的关系，自觉地按照职业要求规范自己的行为，忠实地履行自己的职责。内部审计人员作为组织经营活动和内部控制的评价者与监督者，应保持自身的诚实、正直，忠于国家，忠于组织，维护职业荣誉，不能从事有损国家利益、组织利益和内部审计职业荣誉的活动。

第二，职业道德。优良的职业道德是任何一个内部审计人员执业能力的基础。审计人员是审计活动的主体，行使审计监督的权力。这种职责在本质上决定了审计职业具有独立性、权威性、规范性等特点。审计人员只有保持良好的职业道德，才能不为他人的意志所左右，才能充分发挥审计监督的作用。审计人员只有以优良的职业道德在审计过程中保持独立性，才能做到客观公正、实事求是。良好的职业道德是审计人员依法审计的重要保证，是审计权威性的重要保证。

依法审计、坚持原则：审计人员在实施审计任务时，要正确依照国家的法律、法规和审计程序办事。对问题的处理，要坚持以事实为依据，以法律为准绳，做到不徇私情，不拿原则做交易，不被干扰所影响，不被人际关系所左右，正确行使审计职权，严格审计执法，努力维护法律、法规的严肃性和审计监督的权威性。

实事求是、客观公正：审计人员在办理审计事项时，要以严肃认真的态度和严谨扎实的作风从严实施审计，力求掌握最真实、可靠的审计依据，并对获取的信息资料认真加以归纳分析，对问题不掩盖、不夸大，如实反映情况，慎重做出审计评价，确保审计质量，尽力规避审计风险，力争使每一个审计结论都能经得起法规和历史的检验。

廉洁奉公、保守秘密：审计人员只有做到廉洁奉公，才能树立良好的形象；只有做到保守秘密,才能赢得被审计单位的信任。因此,审计人员一定要自觉遵守各项规定,严守工作纪律,依法行使职责和权力。

第三,职业作风。审计职业作风是指内部审计人员的敬业精神及对待审计工作的态度。

工作作风:审计工作的特殊性决定了内部审计人员必须具有扎实的工作作风。具体见表4-1。

表4-1 内部审计人员的工作作风

工作作风	具体内容
严肃认真	在日常工作中,要严格落实各项规章制度,坚持按审计程序办事;在实施具体审计任务时,要潜下心来,真抓实干,切实把问题查深、查细、查透,做到不留死角、不走过场
准确无误	对审计数据要准确统计;对审计查出的问题要如实反映;对问题的处理要提出切实可行的解决问题的办法和建议,做到合理、合法,便于执行
严谨细致	审计工作是一项既细致又烦琐的工作,稍有疏忽,就会出现差错。因此,审计人员一定要注意磨炼自己的细心和耐性,做到不马虎、不厌烦,努力把工作中可能出现的差错降到最低
实事求是	要敢于说真话,不欺上瞒下,不弄虚作假,做到"诚实、本分、公正、可靠"

进取精神:审计工作面临许多困难和矛盾,客观上要求内部审计人员必须具有创新意识和顽强拼搏的精神,顺应形势,跟上时代发展的步伐,要求审计人员不断更新知识结构,加强学习与研究,提高消化新东西、理解新思想、挑战新技术的能力和水平。因此,内部审计人员一定要知难而进,树立有所作为的思想,消除畏难情绪,勇于向困难挑战,在实践中探索出一套内部审计工作的新思路、新方法,以适应未来审计的需要,实现审计工作的跨越式发展。

团队意识:审计工作是一项集体性工作,需要依据审计人员的集体智慧、分工协作地去完成,这就要求审计人员必须牢固树立团队意识。因此,在审计工作中,审计人员要明确自己所承担的角色和任务,充分发挥自己的主观能动性。审计工作专业性强,每个人都有自己的专业特长,所以相互之间要注意协调配合、取长补短、齐心协力,共同为团队整体利益与目标的实现而努力。

第四,业务素质。审计人员业务素质的高低是影响审计工作质量好坏的一个重要因素。具有良好的业务素质是审计人员得以从事审计工作最基本的要求。内部审计人员必须拥有实施内部审计活动所必需的知识、技能和其他能力。内部审计人员应当具备的业务素质通常包括以下内容。

专门知识：主要是指会计、审计、税收、管理、相关法规和其他有关专门知识。审计人员应当具备与其从事的审计工作相适应的专业知识。这是对审计人员最基本的技术要求。现代社会信息量大、知识更新快、新生事物不断涌现，这就对审计人员的业务技能提出了更新、更高的要求。法规制度是审计人员判读审计项目是非曲直的准绳，依法审计是审计人员必须遵守的基本原则，这就要求审计人员不仅要熟悉会计制度和会计准则，而且要掌握相关的法律条文和行业规章等，只有这样，才能客观公正、实事求是地对审计事项做出正确的判断和评价，才能经得起制度和历史的检验。

职业经验：主要是指实践经验。审计是一项实践性很强的工作，如何以敏捷的思维和眼力发现问题，找出问题的根据，并以较高的政策法律水平准确无误地定性和处理，需要不断地通过审计工作的实践积累职业经验。

专业训练：审计人员执业环境是不断发展变化的，对审计人员的专业胜任能力和执业水平的要求也是在不断变化的。因此，审计人员只有不断接受职业训练，不断提高专业能力和执业水平，掌握和运用相关的新知识、新技能和新法规，才能满足执业的需要，保证执业质量。

业务能力：审计人员要完成审计工作，实现审计目标，必须具备相应的业务能力。审计人员应当具备的业务能力见表4-2。

表4-2　审计人员应当具备的业务能力

业务能力	具体内容
宏观思维能力	审计工作要发挥宏观监督职能，审计人员就必须具备宏观思维能力。审计作为组织内部独立的经济监督活动，应当从组织的宏观角度来审查、分析、解决问题，要抓住主要矛盾和问题的要害，不能就事论事，切忌只从某一个部分或某一个问题来考虑，应当为组织管理层提供相应的服务
职业敏感和洞察能力	面对特定的审计材料，为什么有的审计人员能迅速找到切入点或从蛛丝马迹中发现问题，其中一个很重要的原因就在于个人对问题观察的敏锐程度，这种敏锐需要长时间的知识和实践积累。敏锐的洞察力可以帮助审计人员找到解决问题的着眼点
分析和综合判断能力	分析和综合判断能力不仅仅是简单的分析判断，需要从微观层面进行甄别，更需要从问题的宏观层面进行剖析，分析问题的产生和发展脉络，对被审计单位的现状进行深入的研究，才能把握审计所涉及的方方面面

业务能力	具体内容
口头与书面表达能力	审计是与人打交道的工作，要做到良好的交流与沟通，充分地运用审计询问等工作方法，发现被审计单位存在的问题并提出相应的意见和建议，这就必须要有良好的口头表达能力。审计计划、审计工作底稿是安排和记录审计工作的书面文件，是审计人员必须掌握的基本文书。审计调查报告、审计报告和审计信息是审计成果的载体，集中反映了审计工作的整体水平和审计人员的业务水平

第五，综合素质。审计是一项综合性很强的工作，因此需要审计人员具备相应的综合素质。这些素质主要包括沟通能力、协调能力、应变能力等。

沟通能力：审计人员要与不同的审计对象打交道，因此，内部审计人员应该具备建立良好人际关系的意识和能力，要与他人建立协调、融洽的人际关系。审计人员的工作贯穿于整个组织，需要与组织内部的各个部门打交道，测试和评价他们的工作，并将审计中发现的问题和改进建议向适当管理层报告。沟通的目的是保证审计结果的客观、公正，并取得被审计单位、组织管理层的理解。内部审计机构、被审计单位、组织管理层进行结果沟通，可以与对方交流看法，听取对方的意见，从不同角度去检验审计结论和建议，对可能存在的错误或不当之处进行修正，以保证审计结果的客观、公正。同时，在与被审计单位、组织管理层的交流中，争取对方的理解和支持，以确保审计结论和建议的落实和贯彻。

协调能力：审计工作需要协调处理好审计与被审计对象、与各有关部门及组织管理层的关系。这些关系协调处理得如何，将直接影响到审计组织的形象与威信，影响审计工作的开展与效果。审计人员要充分发挥自己的主观能动性，把各方面的力量吸引到关心、支持审计工作上来，努力形成领导重视、各方面协同的良好的审计氛围。

应变能力：在审计工作中经常会遇到一些突发事件，审计人员在遇到突发事件时应当保持沉着冷静的心态，并应及时采取有效的控制措施。

（2）内部审计人员岗位资格和国际注册内部审计师（CIA）。

第一，内部审计人员岗位资格证书。内部审计人员岗位资格证书是从事内部审计工作的人员应具备的任职资格证明。内部审计人员岗位资格证书应通过考试取得。内部审计人员岗位资格证书的考试，一般由省级内部审计协会组织，考试合格者发给内部审计人员岗位资格证书。省级内部审计协会负责组织内部审计人员岗位资格证书考前培训、考试的实施以及资格证书的发放与管理。内部审计人员岗位资格证书考试内容一般包括：①内部审计理论与实务；②内部审计法规与内部审计准则；③计算机审计基础与应用。

内部审计人员岗位资格证书实行年检制度，每两年为一个年检周期。内部审计人员岗位资格证书年检工作由省级内部审计协会组织，实施分级管理。符合下列条件的可通过年检：①遵守国家的法规、法律；②严格执行《内部审计准则》；③遵守内部审计职业道德；④按照有关规定完成后续教育。

连续两年未接受后续教育或连续两年未按有关规定完成后续教育学时的内部审计人员，省级内部审计协会不予办理内部审计人员岗位资格证书年检。连续三年未接受后续教育或连续三年未按有关规定完成后续教育学时的内部审计人员，由省级内部审计协会吊销其内部审计人员岗位资格证书。对无故不参加年检和注册的人员，由市级内部审计协会提出意见，报省级内部审计协会注销其内部审计人员岗位资格证书。因违法犯罪被追究刑事责任或弄虚作假骗取内部审计人员岗位资格证书的人员，一律注销其资格证书。内部审计人员岗位资格证书不得涂改、转让，资格证书遗失后应及时到省级内部审计协会挂失，经查实后可予以补发。

第二，国际注册内部审计师。

国际注册内部审计师考试：国际注册内部审计师（CIA）考试是由总部设在美国佛罗里达州的国际注册内部审计师协会出题，并在全世界50多个国家用20多种语言进行统一考试。CIA考试使用国际注册内部审计师协会的答卷答题，并由国际注册内部审计师协会全球统一阅卷、改卷评分。证书由国际注册内部审计师协会颁发，但中国国家审计署出具中文的对应证书。CIA证书在全球通用，其他国家予以承认，CIA证书也证明了证书持有者在内部审计的领域达到国际注册内部审计师协会的要求。此证书永久有效，但必须要参加国际注册内部审计师协会的后续教育。CIA资格和证书是目前唯一全世界认可的审计领域的资格和荣誉，此项考试的权威性源于"三个全球统一"：统一考试时间、统一考试内容、统一批阅试卷。

国际注册内部审计师协会的核心宗旨是经验共享，共同进步。协会从1974年在美国开始设立该项考试，每年考两次，即在每年5月和11月的第三个周末进行考试，全世界统一命题，统一时间考试，但由于时差的存在，在美国和在中国的考试时间实际上相差8~12个小时。从2001年起，CIA资格考试在中国的时间改为每年11月份，每年一次。拥有"国际注册内部审计师"资格在美国被称为"全球卓越"的标志。到目前为止，全球约有4万人获得了CIA资格证书。

CIA与传统的内部审计人员的差异：正确评估自身实力是企业参与竞争的先决条件，同时也为领导者做出正确决策提供数据支持，而这项工作主要是由企业的内部审计师来完成的。与传统的内部审计人员仅仅停留在内部财会及查账相比，CIA更强调与企业管理层之间的互动性。随着中国经济的发展，企业现有的内部审计人员已不能适应国际化的要求，因此，拿一张国际普遍认可的证书成为国内众多内部审计人员的当务之急。国际企业把 CIA 定位为：核心、增加价值、改善运作、实现组织目标。

4. 内部审计人员的职业后续教育

内部审计人员的职业后续教育是内部审计人员为保持和提升其专业素质、执业能力和职业道德水平以及掌握和运用有关新知识、新技能和新法规所进行的学习及其相关活动。内部审计人员接受职业后续教育是提高专业胜任能力与执业水平的重要手段，也是造就一支业务过硬、素质合格的内部审计队伍的有效途径。众所周知，内部审计人员执业环境是不断发展变化的，对内部审计人员的专业胜任能力和职业水平的要求也是在不断变化的。内部审计人员只有不断接受职业后续教育以及掌握和运用相关新知识、新技能与新法规，才能满足执业的需要，保证执业质量。这不仅是内部审计人员职业自身发展的需要，也是社会各方面对内部审计人员的必然要求。因此，内部审计人员职业后续教育应当贯穿于内部审计人员整个执业生涯。

（1）内部审计人员后续教育的组织领导和范围。

第一，中国内部审计协会、省级内部审计协会在后续教育中负有相应的职责与权限，应合理组织并有效实施内部审计人员的后续教育。市、县级内部审计协会，经中国内部审计协会或省级内部审计协会授权，也可组织实施管辖范围内的后续教育。内部审计机构应当为内部审计人员接受后续教育提供必要的保障。中国内部审计协会、省级内部审计协会应当定期检查与考核后续教育情况，确保后续教育质量。

第二，接受后续教育的内部审计人员，包括取得内部审计人员岗位资格证书的人员、取得国际注册内部审计师资格证书的人员。其他从事内部审计活动的人员也应当参加后续教育，以增加其专业知识和业务能力。

（2）内部审计人员后续教育的内容与形式。内部审计人员应当根据职业发展需要确定合理的后续教育内容，选择适当的后续教育形式。后续教育应当讲求实效、学以致用。

第一，后续教育的内容。内部审计人员后续教育主要包括：①国家颁布的有关法律规范；②内部审计准则及内部审计人员职业道德规范；③内部审计理论与实务；④会计理论与方法；⑤信息技术理论与应用技术；⑥公司治理、内部控制和风险管理理论；⑦其他相关专业知识与技能。

第二，后续教育的形式。内部审计人员接受培训是后续教育的主要方式：①参加国际内部审计师协会和亚洲内部审计联合会组织的专业会议及培训活动；②参加中国内部审计协会和省级内部审计协会举办的各种培训及考察活动；③参加中国内部审计协会和省级内部审计协会召开的专业会议及经验交流；④参加中国内部审计协会和省级内部审计协会认可的有关大专院校的专业课程进修；⑤参加经中国内部审计协会或省级内部审计协会授权的市、县级内部审计协会组织的专业培训及经验交流。

内部审计人员自学是后续教育的重要补充方式：①参加中国内部审计协会和省级内部审计协会开办的网络教育；②参加由本单位内部审计机构开展的业务技术培训；③主持或参与完成省级以上内部审计协会发布的课题研究，并取得研究成果；④公开出版专业著作或发表专业论文；⑤个人专业学习和实务研究；⑥其他形式。

第三，内部审计组织的职责。中国内部审计协会负责组织、实施全国内部审计人员的后续教育。行业审计协会实施的有关培训活动实行年度认证制，认证工作由中国内部审计协会实施。其主要职责是：①制定全国后续教育规划；②制定全国后续教育制度、规定、办法；③制订全国后续教育年度培训计划，提出教学大纲；④组织全国后续教育教材的开发、评估、推荐；⑤组织全国后续教育活动；⑥组织全国后续教育检查、考核；⑦指导、督促省级内部审计协会的后续教育工作。

省级内部审计协会负责组织、实施管辖范围内内部审计人员后续教育。其主要职责是：①制定管辖范围内后续教育规划；②制定管辖范围内后续教育制度、规定、办法；③制订管辖范围内后续教育年度培训计划，设置教学内容；④组织管辖范围内后续教育教材的评估、遴选；⑤组织管辖范围内后续教育活动；⑥组织管辖范围内后续教育检查、考核；⑦指导、督促市县级内部审计协会的后续教育工作。

市、县级内部审计协会同时符合一定条件的，经中国内部审计协会或省级内部审计协会授权，也可组织实施管辖范围内的后续教育：①具有承担与后续教育工作相适应的师资队伍和管理力量；②拥有与承担后续教育工作的教学场所和设施；③能完成所承担的后续教育任务，保证后续教育质量。被授权的市、县级内部审计协会在组织后续教育前，应当将实施方案报送相应的授权协会备案。

内部审计机构应当支持、督促本单位内部审计人员参加后续教育，保证学习时间和学习费用，提供必要的学习条件。内部审计机构开展的本单位业务技术培训，如需申请确认内部审计人员后续教育学时的，应当提请中国内部审计协会或省级内部审计协会进行评估。评估内容包括培训条件、培训计划、培训内容、师资来源、教学水平、管理水平、学员满意度和质量监控措施等。

第四，后续教育的检查与考核。中国内部审计协会负责检查、考核全国内部审计人员的后续教育情况；省级内部审计协会负责检查、考核管辖范围内的内部审计人员后续教育情况；内部审计机构负责检查并如实填报本单位的内部审计人员后续教育情况。

检查与考核的标准按内部审计人员接受后续教育的时间不得少于 30 个小时。

后续教育时间的顺延。有下列情形之一的，内部审计人员后续教育时间可以顺延，在下一年度一并完成规定的后续教育时间：①年度内在境外工作超过 6 个月的；②年度内病假超过 6 个月的；③休产假的；④其他情况。后续教育情况由中国内部审计协会或省级内部审计协会负责记录，包括培训内容、培训时间、培训地点，以及教师的姓名、职称和累计培训学时等。

处罚。除规定的情形外，内部审计人员未能提供其后续教育有效记录或无故未达到后续教育要求的，考核时不予通过；考核未予通过的内部审计人员，其所在单位内部审计机构应当督促其接受后续教育。①年度内未接受后续教育或未按有关规定完成后续教育学时的内部审计人员，由省级内部审计协会予以警告；②连续两年未接受后续教育或连续两年未按有关规定完成后续教育学时的内部审计人员，省级内部审计协会不予办理内部审计人员岗位资格证书、国际注册内部审计师资格证书年检；③连续三年未接受后续教育或连续三年未按有关规定完成后续教育学时的内部审计人员，由省级内部审计协会作出或建议作出吊销其内部审计人员岗位资格证书、国际注册内部审计师资格证书。

二、内部控制评价

（一）内部控制自我评估方法

控制自我评估方法是企业内部为实现目标、控制风险而对内部控制系统的有效性和恰当性实施自我评价的方法。这种方法一般是通过控制自我评估会议把相关的管理当局和员工召集起来就特定的问题或过程进行面谈和讨论。控制自我评估会议的总基调是双向发现问题并共同分享问题。控制自我评估会议的召开有两个前提：一是根据需要建立工作组，因为控制自我评估会议需要从代表一个组织多种层次的工作组中收集有关内部控制的信息；二是必须要有受过引导技巧和内部控制系统设计方面的培训并具有高素质的软性能力的协调员，以决定会议的恰当形式引导会议参与人员研讨、分析并写出评估报告，提出改进措施。

控制自我评估方法是内部控制系统评价方法的一种新突破。它体现了一种"全员评价、全员控制"的新观念，即内部控制系统的评价工作应当由组织的所有成员负责，而不应只是内部审计人员及管理层的事。一般操作人员在参与控制自我评估的过程中，不仅能学会对内部控制进行持续的日常评估，而且能提高自身的控制意识；而管理人员或工作组其他人员参与控制自我评价，则可以及时发现控制中的薄弱环节并提出行动计划，以不断改进和完善控制程序。

1. 控制自我评估的流程结构

（1）管理者支持与工作组建立。强有力的领导是成功实施控制自我评估的关键因素。即使有一个十分精干的小组，如果没有一个能传递信息或信心的领导，仍然会失败。而工作组的建立与成员配备，应力求做到小组优势最大化和弱势最小化，每个工作组的领导都应成为组织控制自我评价的专家，每项评价应当至少有两名经过系统培训的人员作为协调员，其中一位协调员的重点是推动小组内的联络以便实现评价的目标。

（2）控制自我评估会议的组织。在设计一个控制自我评估会议时要问的最基础的问题包括：会议的主题是什么？如何组织讨论，使讨论对参与会议者来讲容易跟得上，易于参与，并且更加容易理解？应该邀请哪些人参加？在这几个基本问题解决之后，则开始具体组织控制自我评估会议，一般来说，控制自我评估会议的组织必须明确以下五个方面的内容。

第一，会议的时间分配。由于会议参与者自身的日常工作责任问题，控制自我评估会议的时间都是有限制的。会议的时间限制必须与控制自我评估的主题在整个组织的重要性之间找到平衡，通常某个主题的单一一场会议可以安排 4~6 个小时，尽管这仍然需要管理人员确认是否能参加。协调人员所面临的主要困难在于当召开多场会议时如何争取到会议时间。因此，理想的会议主题的组织方式，应当能使控制自我评估会议持续数周，并且每场会议负责讨论一个特定的子话题。

第二，覆盖面的宽度。覆盖面的宽度与会议参与者的时间最容易发生冲突，会议的计划者应当尽量缩小会议的范围，这样有两个好处：①一个定义良好、范围较窄的会议将有助于确保会议对与会者是有效率的、成果颇丰的；②会议范围过宽一方面对与会者来说没有意义，另一方面也不利于会议主题的选择。当然，若选择了相对较宽的领域或较大的问题，则每场控制自我评估会议都应该精心设计。

第三，细节的深度。在一个给定的会议主题与给定的会议时间内，关于细节的深度与范围的广度这两者不可能同时兼顾，必须在其中寻找一个平衡点。因此，如果选择了一个较宽的领域，控制自我评估会议的主办方就必须同意得到更高层面的结果，或者如果必须取得详细的答案，那就需要将会议主题拓展为多场分会议进行讨论。不过在大多数情况下，需要寻找的都是公司面临的最重要的问题及其解决方法或相应的建议。

第四，雇员代表的范围。参与控制自我评价会议的雇员必须满足两个条件：①他们要有丰富的知识，以保证会议结果的准确性；②他们必须能代表组织中足够广泛的人，从而使会议取得的结构能作为整个组织范围的蓝图。通常，从会议筹划者的角度看，有两种类型的会议参与者对会议的结果至关重要：①那些参与问题并对问题有丰富认识和深刻见解的人；②那些对问题的解决方案的执行至关重要的人。因此，保证所有重要与会者如期出席会议对会议筹划者来说也很关键。

第五，充足的数据对结果进行多重验证。为了确保会议结果（解决方案或建议）的准确性和有效性，可以采取一些方法对这些结果进行验证：①增加与会者的人数，以取得更广泛的意见；②延长会议时间，以确保问题得到充分的、深入细节的讨论；③召开多场分会议以确保不同分会场得到类似的结果。不过上述方法的使用必须视问题的重要性与相应增加的成本而定。

当筹划控制自我评估会议时，控制自我评估各小组成员必须对上述内容达成一致，并写成书面报告供管理层审阅。

2. 控制自我评估的主要特征

（1）关注问题及其解决方法。控制自我评估固然可以用于大型问题或长期问题，不过其特点主要还是体现在处理短期问题上，它具备集中于某个问题，找到即时答案的特殊能力。具体来说，就是能密切关注某个单一的问题，将个体集中到会议上，理解问题，并很快得出问题的答案。几乎所有能在商业框架内讨论的问题都可以运用控制自我评估方法来解决。

（2）现在时态导向。控制自我评估关注的是"现在的、当前的"问题，它是严格的现在导向的，不是寻找长期的未来解决方案，或改变公司方向的创造性的战略，而是寻找目前存在的问题的即时的解决方法。控制自我评估以真正的现在时态的小组会议的形式针对某个特定商业问题对与问题相关的参与者进行访谈，并让他们给出相应的解决方法的建议，随后通过筛选得出需要改进或修正的地方。

（3）实时访谈与观念共享。控制自我评估是以小组会议的形式，通过经过培训的协调员组织进行实时访谈，与个体访谈相比，它的优点在于可以实现所有与会者对所讨论问题的观念共享。这种观念共享的关键在于：当一个参与者发言的时候，其他人都在倾听，他们会吸收有关问题的本质以及发言人的观念的新的信息，因此，当所有事实性的答案都给出以后，参与者们不仅对会议所讨论的问题有了全方位的理解，同时也对其他会议的参与者的商业视角有所了解，这样，问题存在的根本原因就比较明确了。通常有效的建议来自那些处于问题之外的与会者，因为他们往往能以开放的视角看待问题的本质，他们提出的很多建议也可能在开始看来并不切实际，但随着讨论的继续，这些建议会引起越来越多的关注，当讨论结束时，通常就能产生一个可行的计划。

（4）分析问题根源。在控制自我评估会议中，对问题的一般讨论往往会转化为对问题根源的讨论。会议的协调员会提出一系列问题：诸如为什么问题会发生、第一次发生在何处、什么原因使它们持续发生以及在所讨论的问题的集合中哪些因素是普遍存在的，等等。协调员提出这类问题的目的在于引导会议参与者们对问题的根源进行深入的、分析性的讨论。通过这种讨论，通常可以在最短的时间内找到问题的根本原因。

（5）转录系统和电子投票系统。在内部控制自我评估会议中，有两类以计算机为基础的系统的使用非常有价值：一是转录系统，二是电子投票系统。转录系统就是在通过文字处理软件转录评论的同时，将图像投影在计算机屏幕上。所有会议参与者都可以透过屏幕看到转录的评论，并可在会话过程中作出修改，还可以对其他人的观点进行回顾。这样，在会议结束的同时，就已经生成了一份关于会议上所有评论和意见的有效记录。这份记录有相当重要的分析价值：在一个包含众多自我评估会议（不同的管理层小组，不同的地点，不同的雇员层次等）的大型会议中，同样的问题会出现在所有的会议中，有了这样一份关于逐个问题的完整记录，便可以非常方便地进行横向比较。电子投票系统的作用在于使会议参与者能对协调人员提出的各种问题进行匿名投票。它可以将会议参与者的偏好和优先排序实时地展示在与会小组面前，并对其进行快速、深入的分析。这种投票系统不仅为协调人员提供了能引发讨论的问题的材料，同时为各种推荐的解决方案和管理投资提供了事实基础。

（6）框架的使用。控制自我评估总是以某种形式的框架结构为基础的。这里的框架结构不仅是关于一系列所要讨论的问题的核心集合，还会更加复杂，即指对一个完整的商业流程、商业风险模型等的描述。框架结构有时是显性的、开放的，有时是隐含的。

（7）揭示组织或商业流程中的漏洞。在控制自我评估会议中，当与会小组从事商业问题的讨论或对某个商业流程或问题进行分析时，几乎总能揭示出组织中存在的"漏洞"，或者处理不恰当的商业流程，或者部门之间的不良沟通，或者没有包括进战略计划编制中的事项等相关的问题。

（8）解决方案所有权共享。在控制自我评估中，会议所有参与者都将对会议讨论产生的解决方案实现共享，即具有会议解决方案的一定的所有权，因此，涉及行动计划制定的控制自我评估会议应尽可能包括执行过程中所需要的所有人员，因为具备对会议产生的解决方案的所有权，将使他们全力支持并参与计划的实施。

3. 控制自我评估的基本形式

（1）以风险为基础的控制自我评估。风险基础形式注重识别与管理风险。这种形式可以检查控制活动以确保其控制关键的经营风险，这种形式还更易于识别主要剩余风险以便采取纠正行动，而且与其他方法相比较，这种形式可能带来更全球化的自我评价。

（2）以目标为基础的控制自我评估。目标基础形式关注实现目标的最好方法。目标可能由协调员确定，也可能不由协调员确定，重要的是要从工作组那边获得重要的输入信号。工作组的目的是弄清最好的控制方法是否已被选用，这种方法是否有效运行，以及所造成的剩余风险是否在可接受的水平之下。

（3）以控制为基础的控制自我评估。控制基础形式主要关注已有的控制的实际执行情况，也可能包括在工作组之外的内部控制设计决策。在这种形式下，控制自我评价的协调员可以结合高层管理当局的主要意图确定目标和控制技术，并对控制的执行情况与管理当局关于内控执行方面的意图之间存在的差距进行分析。这种形式在检查软控制，如管理当局的诚实性等方面是比较有效的。

（4）以程序为基础的控制自我评估。程序基础形式是对所选程序的业务执行情况进行检查，这种工作组的意图是评价、更新所选取程序或使所选程序呈流水线型。除确定评价目标之外，控制自我评价的协调员还要在控制自我评估会议之前确定最能实现关键经营目标的程序。程序基础形式可能比控制基础形式具有更宽的分析范围，而且可以被有效地用来与质量行动小组的倡议联合行动。

（二）定性分析、定量分析和整合方法

1. 定性分析与定量分析相结合

统计分析是评价方法中的一个至关重要的步骤。统计分析往往采取定性分析和定量分析两种。所谓定性分析，是指对事物要从总体上进行分析和综合。即对其质进行规定，以确定是优还是劣，是积极还是消极的。所谓定量分析，是指对事物进行定量测定和量化处理。定性分析能从总体上把握事物发展的趋势，但是定性分析的主要缺陷在于评估标准的客观性难以掌握，所使用的方法是一些抽象的原则，评定得出的结论（如先进、中间、落后）只具有相对的意义。定量分析的可操作化水平更高，其结论是用数学语言来表示的，比起定性分析要具体、准确得多。当然，定量分析也是有缺陷的，由于影响事物变化的参量很多，这些参量又处于动态过程中，定量分析很难测量所有的参量以及参量之间形成的错综复杂的关系。因此定量分析要以定性分析为基础。

事实上，对事物的定性分析必然导致对事物的定量分析，定量分析的目的在于更精确的定性。定性分析与定量分析应该是统一的，相互补充的。定性分析是定量分析的基本前提，没有定性的定量是一种盲目的、毫无价值的定量；定量分析使定性更加科学、准确，它可以促使定性分析得出广泛而深入的结论。

由于内部控制评价对象的多样性和评价目标的复合性，单一的评价分析方法会导致较大的偏差，因此应该将定性分析与定量分析相结合。同时，由于内部控制评价运用多个指标对多个评价对象进行综合性的评价，因此最终需要将多个指标转化为一个能反映综合情况的指标来进行评价，以使评价结果能正确地输出。

2. 整合方法

以下介绍两种整合定量分析和定性分析的综合评价方法。

（1）层次分析法。层次分析法是在对复杂的决策问题的本质、影响因素及其内在关系等进行深入分析的基础上，利用较少的定量信息使决策的思维过程数学化，从而为多目标、多准则或无结构特性的复杂决策问题提供简便的决策方法，尤其适合于对决策结果难

于直接准确计量的场合。层次分析法的步骤如下。

第一，通过对系统的深刻认识，确定该系统的总目标，弄清规划决策所涉及的范围、所要采取的措施方案和政策、实现目标的准则、策略和各种约束条件等，广泛地搜集信息。

第二，建立一个多层次的递阶结构，按目标的不同、实现功能的差异，将系统分为几个等级层次。

第三，确定以上递阶结构中相邻层次元素之间相关程度。通过构造两两比较判断矩阵及矩阵运算的数学方法，确定对上一层次的某个元素而言，本层次中与其相关元素的重要性排序。

第四，计算各层元素对系统目标的合成权重，进行总排序，以确定递阶结构图中最底层各个元素的总目标中的重要程度。

第五，根据分析计算结果，做出相应的决策。

（2）功效系数法。功效系数法又叫功效函数法，它是根据多目标规划原理，对每一项评价指标确定一个满意值和不允许值，以满意值为上限，以不允许值为下限，计算各指标实现满意值的程度，并以此确定各指标的分数，再经过加权平均进行综合，从而评价被研究对象的综合状况。运用功效系数法进行业绩评价，企业中不同的业绩因素得以综合，包括财务的和非财务的、定向的和非定量的。利用功效系数法进行综合业绩评价的具体做法有很多种，每个企业可以根据自己的实际情况进行设计，也可以参照一些较为通用的模型。

第五章 内部控制的具体内容与实际应用

第一节 内部环境与风险评估

一、内部环境

（一）组织架构

组织架构是指企业按照国家有关法律、法规、股东（大）会决议、企业章程，结合本企业实际情况，明确董事会、监事会、经理层和企业内部各层级机构设置、职责权限、人员编制、工作程序和相关要求的制度安排。一家企业的组织架构存在缺失或缺陷，其他一切生产、经营、管理活动都会受到影响。

1. 治理结构

治理结构即企业治理层面的组织架构，是与外部主体发生各项经济关系的法人所必备的组织基础。它可以使企业成为在法律上具有独立责任的主体，从而使企业能在法律许可的范围内拥有特定权利、履行相应义务，以保障各利益相关方的基本权益。

广义公司治理结构是指用来协调公司所有的权益主体之间的制衡关系的体系。因此，它包括内部治理结构与外部治理结构。外部治理结构是指公司与其外部各权益主体之间权益制衡关系的体系。

狭义公司治理结构解决所有者对经营者的监督与制衡问题，主要是指内部治理结构。公司内部治理结构是指公司的所有者与经营者和员工之间建立的权力与利益的分配与制衡的关系及规制决策的体系。

2. 内部机构

内部机构是企业内部分别设置不同层次的管理人员及其由各专业人员组成的管理团队，针对各项业务功能行使决策、计划、执行、监督、评价的权利并承担相应的义务，是为了保证业务顺利开展的支撑平台。现代企业的组织结构一般包括四种基本形式，即

"U"型结构、"M"型结构、"H"型结构和矩阵型结构。

（1）"U"型结构（直线职能制）。"U"型结构是一种中央集权式的组织结构。它同时设置纵向的领导指挥机构和横向的参谋咨询机构。其优点是领导集中、职责清楚、秩序井然、工作效率较高，整个组织有较高的稳定性。而缺点是上下级部门的主动性和积极性的发挥受到限制；部门之间条块分割，互通情报少，不能集思广益地做出决策；当职能参谋部门和直线部门之间目标不一致时，容易产生矛盾，致使上层主管的协调工作量增大；整个组织系统的适应性较差，因循守旧，对新情况不能及时地做出反应。

对只生产一种或少数几种产品的中小型企业而言，职能式组织结构是一种最佳模式。但对规模较大、决策时需要考虑较多因素的组织，则不太适用。

（2）"M"型结构（区域事业部制）。"M"型结构是一种分权与集权相结合的组织结构。企业按产品、客户、地区等来设立事业部，每一个事业部都是一个有相当自主权的利润中心，独立地进行日常经营决策，各事业部都相当于一个"U"型企业。在纵向关系上，按照"集中决策，分散经营"的原则，处理企业高层领导与事业部之间的关系。实行事业部制，企业最高领导层可以摆脱日常的行政事务，集中力量研究和制定企业发展的各种经营战略和经营方针，而把最大限度的管理权限下放到各事业部，使他们依据企业的政策和制度，自主经营，充分发挥各自的积极性和主动性。在横向关系方面，各事业部作为利润中心，实行独立核算，各事业部之间的经济往来遵循等价交换原则，结成商品货币关系。

（3）"H"型结构（控股公司制）。控股型组织结构简称"H"型组织结构，是指在公司总部下设立若干个子公司，公司总部作为母公司对子公司进行控股，承担有限责任母公司对子公司既可以通过控股性股权进行直接管理，又可以通过子公司董事会来进行控制。

"H"型结构的管理运作主要是依据资产纽带，且被控股公司又具有法人资格，结构过度松散，使控股公司总部往往难以有效控制各子公司，控股公司的战略计划难以实现与贯彻；过度分权导致管理效率下降，增加了控股公司的管理成本；子公司难以充分利用控股公司总部的参谋人员；控股公司的投资协调比较困难。

（4）矩阵型形式。矩阵型组织结构是按职能划分部门和按任务特点（产品和项目）划分小组相结合所产生的矩阵型组织结构形式。当环境一方面要求专业技术知识，另一方面又要求每个产品线能快速作出变化时，就可以应用矩阵型结构。如前所述，职能式结构强调纵向的信息沟通，而事业部式结构强调横向的信息流动，矩阵型就是将这两种信息流动在企业内部同时实现。

企业组织结构作为对企业管理进行的组织设计，是随着经济的发展和科学技术的进步而不断演变的。近年来，由于知识经济的兴起和信息革命的推动，各种企业组织创新的形式不断涌现，企业组织结构变革趋势主要表现在以下几个方面：组织结构扁平化、组织结构网络化、组织的无边界化、组织结构分立化、组织结构柔性化等。

（二）发展战略

发展战略是企业在对现实状况和未来趋势进行综合分析和科学预测的基础上，制定并实施的中长期发展目标与战略规划。战略的失败是企业最彻底的失败，它甚至会导致企业的消亡。

1. 发展战略的意义

企业制定科学合理的发展战略，具有重要意义。

（1）发展战略可以为企业找准市场定位。市场定位就是要在激烈的市场竞争环境中找准位置。定位准了，才能赢得市场，才能获得竞争优势，才能不断发展壮大。发展战略要着力解决的正是企业发展过程中所面临的这些全局性、长期性的问题。

（2）发展战略是企业执行层的行动指南。发展战略指明了企业的发展方向、目标与实施路径，描绘了企业未来经营方向和目标纲领，是企业发展的蓝图，关系着企业的长远生存与发展。

（3）发展战略也是内部控制的最高目标。企业内部控制的系列目标中，促进发展战略的实现是内部控制最高层次的目标。发展战略为企业内部控制指明了方向，内部控制为企业实现发展战略提供了坚实保障。

2. 发展战略的制定

（1）建立和健全发展战略制定机构。企业要在人力资源配置、组织机构设置等方面为发展战略提供必要的保证。一般而言，企业可以通过设立战略委员会，或指定相关机构负责发展战略管理工作，履行相应职责。

战略委员会的主要职责是对公司的长期发展规划、经营目标、发展方针进行研究并提出建议，对公司所涉及的产品战略、市场战略、营销战略、研发战略、人才战略等经营战略进行研究并提出建议，对公司重大战略性投资、融资方案进行研究并提出建议，对公司重大资本运作、资产经营项目进行研究并提出建议等。

战略委员会对董事会负责，委员包括董事长和其他董事，委员应当具有较强的综合素质和实践经验。战略委员会主席应当由董事长担任。

（2）制定科学的发展战略。发展战略可以分为发展目标和战略规划两个层次。发展目标是企业发展战略的核心和基本内容，表明企业在未来一段时期内所要努力的方向和所要达到的水平。战略规划是为了实现发展目标而制定的具体规划，表明企业在每个发展阶段的具体目标、工作任务和实施路径是什么。

（三）人力资源

人力资源是指企业组织生产经营活动而录（任）用的各种人员，包括董事、监事、高级管理人员和一般员工，其本质是企业组织中各种人员所具有的脑力和体力的总和。

1. 人力资源的组成

（1）高管人员。高管人员包括决策层和执行层。企业董事会成员和董事长构成企业的决策层，是决定企业发展战略的关键管理人员。决策层团队应具有战略眼光，具备国内、国际形势和宏观政策的分析判断能力，对同行业、本企业的优势具有很强的认知度。执行层通常又被称为经理层，应当树立"执行力"这一重要理念。

（2）专业技术人员。核心技术是企业赖以生存与发展的关键所在。专业技术人员是企业核心技术的创造者和维护者。

（3）一般员工。一般员工是企业人力资源的主体。

2. 人力资源管理的风险

人力资源管理一般包括引进、开发、使用和退出四个方面，企业在人力资源管理的过程中至少应当关注下列风险。

（1）人力资源缺乏或过剩、结构不合理、开发机制不健全，可能导致企业发展战略难以实现。

（2）人力资源激励约束制度不合理、关键岗位人员管理不完善，可能导致人才流失、经营效率低下或关键技术、商业秘密和国家机密泄露。

（3）人力资源退出机制不当，可能导致法律诉讼或企业声誉受损。

（四）社会责任

企业社会责任，是指企业在经营发展过程中应当履行的社会职责和义务，主要包括安全生产、产品质量（含服务）、环境保护、资源节约、促进就业、员工权益保护等。

1. 企业履行社会责任的意义

（1）企业是在价值创造过程中履行社会责任。通过价值创造，不断通过税收、红利、工资和产品等形式为国家、股东、员工以及消费者提供财富，其本质就是在履行社会责任。

（2）履行社会责任可以提高企业的经济效益。企业承担社会责任，并不必然导致企业竞争力的削弱，反而会有助于改善企业形象、吸引更多的客户及强化企业的经济效益。可见，企业将履行社会责任融入产品之中会为企业带来额外的收益。

（3）履行社会责任可以实现企业的可持续发展。社会责任的履行可以帮助企业规避监管等风险，赢得品牌和声誉，赢得公信力和商机，得到社会尊敬的企业才能进入良性发展的轨道，实现企业价值最大化目标，这也是实现可持续、长远发展的根本所在。

2. 履行社会责任应关注的风险

企业应当关注下列在履行社会责任方面的风险。

（1）安全生产措施不到位，责任不落实，可能导致企业发生安全事故。

（2）产品质量低劣，侵害消费者利益，可能导致企业巨额赔偿、形象受损，甚至破产。

（3）环境保护投入不足，资源耗费大，造成环境污染或资源枯竭，可能导致企业巨额赔偿、缺乏发展后劲，甚至停业。

（4）促进就业和员工权益保护的力度不够，可能导致员工积极性受挫，影响企业发展和社会稳定。

（五）企业文化

企业文化，是指企业在生产经营实践中逐步形成的价值观、经营理念和企业精神，以及在此基础上形成的行为规范的总称。

1. 企业文化建设的意义

企业文化的作用巨大。具体地讲，企业文化建设可以为企业提供精神支柱，可以提升企业的核心竞争力，还可以为内部控制有效性提供有力保证。

2. 企业文化建设的要点

（1）塑造企业核心价值观。核心价值观是企业在经营过程中坚持不懈、努力使全体员工都必须信奉的信条，体现了企业核心团队的精神，往往也是企业家身体力行并坚守的理念。

核心价值观是企业的灵魂，会渗透到企业行为的各个方面。核心价值观的作用机制为：核心价值观——企业的理念、原则——企业制度——员工的行为，企业文化建设应该以塑造企业核心价值观为主导。企业应当根据发展战略和实际情况，总结优良传统，挖掘文化底蕴，提炼核心价值，确定文化建设的目标和内容，形成企业文化规范，使其构成员工行为守则的重要组成部分。企业的管理者和员工应该始终重视核心价值观的培育、维护、延续和创新。

（2）打造以主业为核心的品牌。打造以主业为核心的品牌，是企业文化建设的重要内容。品牌通常是指能给企业带来溢价、产生增值的一种无形的资产，其载体是用来和其他竞争者的产品或服务相区分的名称、术语、象征、记号或者设计及其组合。品牌之所以能增值，主要是因为消费者脑海中形成的关于其载体的印象。品牌价值的核心是信誉，品牌管理的核心是对企业信誉的管理。

（3）充分体现以人为本的理念。"以人为本"是企业文化建设应当信守的重要原则。企业的"企"字，是上"人"下"止"，就是告诉人们，企业无人则止，企业无人不足以兴业。所以，一家企业经营的好坏关键看企业能不能聚人，能不能人尽其才，能不能才尽其用。有灵魂的企业，可以通过核心价值观、企业文化，使每个人充分发挥自己的才能。

（4）强化企业文化建设中的领导责任。董事、监事、经理和其他高级管理人员应当在企业文化建设中发挥主导和垂范作用，以自身的优秀品格和脚踏实地的工作作风，带动影响整个团队，共同营造积极向上的企业文化环境。同时，企业应当促进文化建设在内部各层级的有效沟通，加强企业文化的宣传贯彻，确保全体员工共同遵守。

二、风险评估

企业风险，指未来的不确定性对企业实现其经营目标的影响，具体是指企业在其生产经营活动的各个环节可能遭受的损失威胁。由此可见，企业风险是一个广义的概念，它涉及的范围相当广泛。不管是在采购、生产、销售等不同的经营过程中，还是在计划、组织、决策等不同职能领域里，企业所遇到的风险都统称为企业风险。根据企业的边界可将风险分为内部风险和外部风险。

企业的内部风险来源于企业的决策和经营活动。企业决策的风险一方面表现在与外界环境不相适应；另一方面表现在企业本身的经营活动中，经营活动中的风险来自企业的各个流程和各个部门。企业常见的内部风险有战略风险、经营风险（营运风险）、财务风险等。

除此以外，还应该考虑的风险包括经济状况好转还是恶化的影响，市场对产品是否接受，在该企业的市场范围内是否出现新的竞争对手以及环境或监管的法律、法规是否发生改变等。

（一）目标设定

目标设定是风险识别、风险分析和风险应对的前提。企业应当按照战略目标，设定相关的经营目标、财务报告目标、合规性目标与资产安全目标，并根据设定的目标合理确定企业整体风险承受能力和具体业务层次上的可接受的风险水平。

战略目标反映了管理层就主体如何努力为其利益相关者创造价值所作出的选择，是高层次的目标，与其使命相关联并支撑其使命。战略是实现企业目标的全面性、方向性的行动计划。企业在考虑实现战略目标的各种方案时，必须考虑与各种战略相伴的风险及影响。对同样的战略目标可以选择不同的战略加以实现，而不同的战略则具有不同的风险。因此，企业在战略选择之前，有必要对当前的经营状况进行评估，分析内、外部环境因素，公司在行业中所处的位置及面临的机遇和挑战，从而不断审视当前的目标与使命。

经营目标与企业经营的有效性和效率有关，包括业绩和盈利目标的实现，需要反映企业运营所处的特定经营、行业和经济环境。

报告目标与报告的可靠性有关。企业报告包括内部报告和外部报告，可能涉及财务信息和非财务信息。可靠的报告为管理层提供适合其既定目标的准确、完整的信息，支持管理层的决策，并对主体活动和业绩实施有效监控。财务报告向报告使用者提供与企业财务状况、经营成果等有关的会计信息，反映企业管理层受托责任的履行情况，有助于报告使用者作出经营决策。内部控制报告可以增强 CEO 及其他高层管理人员的控制意识，传递高层管理人员对内部控制的承诺，进而增强内部控制的有效性。

合规目标与企业活动的合法性有关。企业从事活动必须符合相关的法律和法规，并有必要采取具体措施。这些法律、法规可能与市场、价格、税收、环境、员工福利以及国际贸易有关。企业需要根据相关的法律、法规制定最低的行为标准并作为企业的遵循目标，企业的合规记录可能给它在社会上的声誉产生极大的正面或负面影响。

（二）风险识别

风险识别是对企业面临的各种潜在事项进行确认。所谓潜在事项，是指来自企业内部和外部可能影响企业战略的执行和目标的实现的一件或者一系列偶发事项。企业应采用系列技术来识别有关事项并考虑有关事项的起因，对企业过去和未来的潜在事项以及事项的发生趋势进行计量。

企业开展风险评估，应当准确识别与实现控制目标相关的内部风险和外部风险，确定相应的风险承受度。风险识别的目的就是确认所有风险的来源、种类以及发生损失的可能性，为风险分析和风险应对提供依据。由此可见，风险识别是整个风险评估过程中重要的程序之一。

1. 风险识别的内容

风险识别的主要内容，包括以下两个方面。

（1）感知风险事项。通过调查和了解，运用不同的方法，识别企业存在的内部风险和外部风险事项。

（2）分析风险事项。通过归类分析，掌握风险事项产生的原因和条件，以及风险事项具有的性质。感知风险事项和分析风险事项构成了风险识别的基本内容，两者是相辅相成、互相联系的。感知到风险事项的存在才能进一步有意识、有目的地分析风险，进而掌握风险的存在及导致风险事项发生的原因和条件。

企业开展风险评估，应当准确识别与实现控制目标相关的内部风险和外部风险。需要注意的是，这些影响企业风险的事项通常不是孤立的，一个事项可能引发另一个事项。在事项识别的过程中，企业应清楚事项彼此之间的关系，通过评估这种关系，才能确定采取何种风险应对措施是恰当的。例如，提高存款准备金的政策，会使利率、汇率、股票价格、房地产价格等都发生联动变化。由此可见，企业对风险事项的识别需要具有一定的前瞻性和系统性。

2. 风险识别的方法

风险识别实际就是收集有关风险因素、风险事故和损失暴露等方面的信息，发现导致潜在损失的因素。风险识别的方法就是收集和分析这些信息的方法和技术。风险识别的方法一般有财务报表分析法、流程图分析法、事件树分析法、现场调查法、保单对照法等。

（1）财务报表分析法。财务报表分析法是通过资产负债表、利润表、现金流量表和其他附表等财务信息的分析来识别风险事项。分析资产负债表等财务报表和相关的支持性文件，风险管理人员可以识别风险主体的财产风险、责任风险和人力资本风险等。这是因为风险主体的经营活动最终会涉及货币或财产，运用财务报表进行分析可以发现企业所面临的主要风险。

（2）流程图分析法。流程图分析法是将风险主体的全部生产经营过程，按其内在的逻辑联系绘成作业流程图，针对流程中的关键环节和薄弱环节调查和分析风险。企业内部经营的流程图反映了各种经营活动的种类和顺序，它把企业看作一个加工单位，可以设法发现所有可能中断这个过程的偶然因素。对企业经营流程图的分析可以偏向风险主体揭示企业经营异常的方面，而这些方面常常存在特有的风险。

（3）事件树分析法。事件树分析法又称"故障树法"，其实质是利用逻辑思维的规律和形式，从宏观的角度去分析事故形成的过程。它的理论基础是，任何一起事故的发生，必定是一系列事件按时间顺序相继出现的结果，前一事件的出现是随后事件发生的条件。在时间的发展过程中，每一个事件有两种可能的状态，即成功和失败。

事件树法从某一风险结果出发，运用逻辑推理的方法推导出引发风险的原因，遵循"风险事件—中间事件—基本事件"的逻辑结构。它的具体操作是：从事件的起始状态出发，用逻辑推理的方法，设想事故的发展过程，然后根据这个过程，按照事件发生先后顺序和系统构成要素的状态，并将要素的状态与系统的状态联系起来，以确定系统的最后状态，从而了解事故发生的原因和发生的条件。

（4）现场调查法。获知主体经营情况的最佳途径就是现场调查。对企业各个活动场所进行检查，与各种员工或管理员沟通可以发现原本已经忽视的风险。在实际调查之前先对企业情况作一个大致的了解，包括调查对象的名称、职能、年限、目前状况、故障状况和应采取的行动等项目，这样能达到更好的检查效果；风险人员对所关注的问题要具备一定的感性认识，同时还要关注那些并不明显的细节，这样则更容易发现主体的风险事项。现场调查中要注意带上专业管理人员，并且带上必备的专业工具，还有照相机或录音笔之类便于记录现场情况的设备。

（5）保单对照法。保单对照法，是将保险公司现行出售的保单风险种类与风险分析调查表融合修改而成的，用于风险识别的问卷式表格，风险管理者可以根据这一表格与主体已有的保单加以对照分析，发现现存的风险事项。

（三）风险分析

风险分析是结合企业特定条件（如企业规模、经营战略等）在风险识别的基础上，运用定量或定性方法进一步分析风险发生的可能性和对企业目标实现的影响程度，并对风险的状况进行综合评价，以便为制定风险管理策略、选择应对方案提供依据。

风险分析是风险应对的基础，并为制定合理的风险应对策略提供依据，没有客观、充分、合理的风险分析，风险应对将毫无头绪、效率低下。

风险分析的内容复杂多样，简单地说，就是分析风险发生的可能性和影响程度。可能性表示一个给定事项将会发生的概率，影响程度则代表它的后果。一般来说，对识别出来的风险，从可能性和影响程度两个方面进行分析后，就可以根据分析的结果采取应对措施。

1. 可能性分析

可能性分析是指假定企业不采取任何措施去影响经营管理过程将会发生风险的概率。可能性分析通常是通过实际情况的收集和利用专业判断来完成的。科学的方法是使用数理统计原理，以数值为依据，根据现象特征，采用二项分布、泊松分布等数学模型，进行科学测算。

风险可能性分析的结果一般有"很少""不太可能""可能""很可能"和"几乎确定"五种情况。"很少"意味着在例外情况下可能发生，"不太可能"意味着在某些时候不太可能发生，"可能"意味着在某些时候能发生，"很可能"意味着在多数情况下很可能发生，"几乎确定"意味着在多数情况下预期会发生。

2. 影响程度分析

影响程度分析主要是指对目标实现的负面影响程度分析。风险影响程度的大小是针对既定目标而言的，因此对不同的目标，企业应采取不同的衡量标准。按照影响的结果（通常是量化成数值），一般将风险划分为"不重要""次要""中等""主要"和"灾难性"五级。

在进行风险分析的过程中，公司应从自身的具体状况出发，运用适当的风险分析技术，定量或定性地评估相关事项，根据风险分析的结果，按风险发生的可能性及影响程度进行排序分析，分清哪些是主要风险、哪些是次要风险，从而筛选出企业的关键风险，为风险应对提供依据。

（四）风险应对

风险应对，是指在风险分析的基础上，针对企业所存在的风险因素，根据风险分析的原则和标准，运用现代科学技术知识和风险管理方面的理论与方法，提出各种风险解决方案，经过分析论证与评价从中选择最优方案并予以实施，以达到降低风险的目的。企业应当综合运用风险规避、风险降低、风险分担和风险承受等应对策略，实现对风险的有效控制。

1. 风险规避

风险规避是企业对超出风险承受度的风险，通过放弃或者停止与该风险相关的业务活动以避免和减轻损失的策略。风险规避能将特定风险造成的各种可能损失完全消除，因此，也有人将其称为最彻底的风险管理技术。

风险规避的方式主要包括：①完全放弃，是指企业拒绝承担某种风险，根本不从事可能产生某些特定风险的活动；②中途放弃，是指企业终止承担某种风险，这种风险规避通常与环境的较大变化和风险因素的变动有关，由于发生了新的不利情况，经过权衡利弊后，认为得不偿失，故而放弃；③改变条件，是指改变生产活动的性质、改变生产流程或工作方法等，其中，生产性质的改变属于根本的变化。

最适合采用风险规避策略的情况有两种：①某种特定风险所致的损失概率和损失程度相当大；②应用其他风险处理技术的成本超过其产生的效益，采用风险规避方法可使企业受损失的程度降到最低。

2. 风险降低

风险降低是企业在权衡成本效益之后，准备采取适当的控制措施降低风险或者减轻损失，将风险控制在风险承受度之内的策略。风险降低的目的在于积极改善风险特性，使其能为企业所接受，从而使企业不丧失获利机会。因此，相对于风险规避而言，风险降低是较为积极的风险应对策略。

风险降低根据目的的不同可以划分为损失预防和损失抑制两类。前者以降低损失概率为目的，后者以降低损失程度为目的。

3. 风险分担

风险分担又称"风险转移"，是企业准备借助他人力量，采取业务分包、购买保险等方式和适当的控制措施，将风险控制在风险承受度之内的策略。风险分担是事前的风险应对策略，即在风险发生前，通过各种交易活动，如业务外包、购买保险、租赁等，把可能发生的风险转移给其他人承担，避免自己承担全部风险损失。通过分担方式应对风险，风险本身并没有减少，只是风险承担者发生了变化。

风险分担的方式主要可以分为财务型非保险转移、控制型非保险转移和保险转移。

4. 风险承受

风险承受是企业对风险承受度之内的风险，在权衡成本效益之后，不准备采取控制措施降低风险或者减轻损失的策略。风险承受是一种风险财务技术，企业明知可能有风险发生，但在权衡了其他风险应对策略之后，出于经济性和可行性的考虑将风险留下。若出现风险损失，则依靠企业自身的财力去弥补风险所带来的损失。风险承受的前提是自留风险可能导致的损失比转移风险所需代价小。

风险承受对策包括非计划性风险承受和计划性风险承受两种。非计划性风险承受是非计划的和被动的，主要是由于风险识别过程的失误、风险的评价结果认为可以忽略、风险管理决策延误等原因造成的。如果在风险管理规划阶段已对一些风险有了准备，当风险事件发生时马上执行应急计划，自留风险就是计划性风险承受。风险自留的计划性主要体现在风险自留水平和损失支付方式两方面。风险自留水平，是指选择风险事件作为风险自留的对象。确定风险承受的水平可以从风险发生的概率及损失期望值大小的角度考虑，一般应选择风险发生概率小、损失期望值小的风险事件作为风险自留的对象。损失支付方式是指风险承受应预先制订损失支付计划。常见的损失支付方式有从现金净收入中支出、建立非常基金储备、建立风险准备金等。

第二节 内部信息传递与内部控制监督

一、内部信息传递

"企业在制定决策和日常运作中需要各种形式的信息，所以企业的内部控制活动离不开信息的沟通和传递。"[①] 内部信息传递使企业内部管理层级之间以报告为载体和形式传递生产经营管理信息的过程信息在企业内部进行有目的的、及时的、准确的、安全的传

---

①相国栋．浅谈企业内部信息传递［J］．东方企业文化，2014（12）：282.

递，对贯彻企业发展战略、正确识别生产经营中的风险、及时纠正操作错误、提高决策质量具有重要作用。

信息是对人有用的、能影响人们行为的数据。信息是数据的含义，是人们对数据的理解，是数据加工后的结果。数据是信息的载体，没有数据便没有信息，因此信息不能单独存在。要想获得信息就要先获得载荷信息的数据，再对其进行加工。将数据加工成信息有时很简单，有时很复杂，有时需要很多数据、经过复杂的加工过程才能得到信息。在一家企业内，一般来说，地位越高的管理者所需要的信息越需要加工和处理。

（一）内部信息传递的流程

企业的内部控制活动离不开信息的沟通与传递。企业在生产、经营和管理过程中需要不断地和反复地识别、采集、存储、加工和传递各种信息，以使企业各个层级和各个岗位的人员能履行企业担负的职责。信息传递是一种方式或几种方式的组合，可以自上而下传递，可以自下而上传递，也可以平行传递。传递的信息以不同形式或载体呈现。内部信息传递流程是根据企业生产经营管理的特点来确定的，其形式千差万别，没有一个最优的方案。一般来说，内部信息传递至少包括两个阶段：一是信息形成阶段，二是信息使用阶段。

以内部报告为例，内部报告形成阶段的起点是报告中指标的建立；根据所确定的报告指标，确定所要收集和存储的相关信息；对收集的信息进行加工，以一种美观的和可理解的表现形式组织这些信息，形成内部报告；审核形成的内部报告，如果不符合决策要求，就要重新修订或补充有关信息，直到达到标准为止。

内部报告使用阶段的起点是内部报告向指定位置和使用者的传递；使用者获得内部报告后，要充分地理解和有效地利用其中的信息，以评价业务活动和制定相关决策；与此同时，要定期对企业内部报告的全面性、真实性、及时性、安全性等进行评估，一旦发现不妥之处，要及时进行调整。

（二）内部信息传递的原则

根据有效信息的要求，结合信息的特性，企业内部信息传递应该遵循以下基本原则。

1. 及时有效性原则

及时有效性原则，是指在信息传递过程中，必须做到在经济业务发生时及时进行数据搜集，尽快进行信息加工，形成有效形式，并尽快传输到指定地点和信息使用者。如果信息未能及时提供，或者及时提供的信息不具有相关性，或者提供的相关信息未被有效利用，就可能导致企业决策延误，经营风险增加，甚至可能使企业较高层次的管理陷入困境，不利于对实际情况进行及时有效的控制和矫正，同时也将大大降低内部报告的决策相关性。及时有效性原则有两重含义：一是收集信息要及时，对企业发生的经济活动应及时在规定期间内进行记录和存储，而不延至下期；二是报送及时，信息资料（如管理报告）应在决策制定时点之前及时报送给指定的信息使用者。如果信息未能及时提供，则可能导致企业决策延误，甚至发生错误决策，增加经营风险，甚至导致企业管理陷入困境。

2. 反馈性原则

反馈性原则，是指在信息传递过程中，相同口径的信息频繁地往返于信息使用者和信息提供者之间，把决策执行情况的信息及时反馈给信息使用者，帮助信息使用者证实或者修正先前的期望，以便其进一步决策的活动。反馈性原则有两重含义：①建立多种渠道，及时获得决策执行情况的反馈信息；②用户要科学地分析和评价所获得的反馈信息，恰当地调整决策。

3. 预测性原则

预测性原则，是指企业传递和使用的经营决策信息需要具备预测性的功能。信息预测性的功能在于提供提高决策水平所需的那种发现差别、分析和解释差别，从而在差别中减少不确定的信息。预测性原则有两重含义：①提供给使用者的信息不一定就是真实的未来信息，因为未来往往是不确定的；②预测信息与未来的信息必须有着密切的关联，必须具有符合未来变化趋势的可预测的特征，即具有相关性。

要使企业内部传递的信息具备相关性，还要注意排除过多低相关的冗余信息。否则，信息过载不仅会增加信息传递成本，还会耗费管理当局的精力，降低决策效率，影响决策效果。

4. 安全保密性原则

安全保密性原则，又称"内部性原则"，是指内部信息传递的服务对象仅限于内部利益相关者，即企业管理层，因而具有一定的商业机密特征。企业内部的运营情况、技术水平、财务状况以及有关重大事项等通常涉及商业秘密，内幕信息知情者（包括董事会成员、监事、高级管理人员及其他涉及信息披露有关部门的涉密人员）都负有保密义务。这些内部信息一旦泄露，极有可能导致企业的商业秘密被竞争对手获知，使企业处于被动境地，甚至造成重大损失。这与财务会计信息，尤其是公众公司的财务会计信息不同，公众公司的财务会计信息必须公开和透明，而专供管理层使用的管理信息则不一定要公开。

5. 真实准确性原则

内部传递的信息能否满足使用者的需要，取决于信息是否"真实准确"。真实准确性原则是指企业内部传递的信息符合事件或事物的客观实际，包括范围的真实准确性、内容的真实准确性和标准的真实准确性。虚假或不准确的信息将严重误导信息使用者，甚至导致决策失误，造成巨大的经济损失。内部报告的信息应当与所要表达的现象和状况保持一致，若不能真实反映所计量的经济事项，就不具有可靠性。

真实准确性是信息的生命，也是对整个内部信息传递工作的基本要求。提供真实准确的信息是企业投资者及其他利益相关者做出经济决策的重要依据。如果信息不能真实反映企业的实际情况，不但信息使用者的需求不能满足，甚至还会误导信息使用者，使其做出错误的决策，直接导致其经济利益受到损失。

6. 成本效益原则

成本效益原则，是经济管理活动中广泛适应性的要求，因为任何一项活动，只有当收益大于成本时才是可行的。判断某项信息是否值得传递，首先就必须满足这个约束条件。具体来说，提供信息发生的成本主要包括：收集、处理、审计、传输信息的成本，对已传递信息的质询进行处理和答复的成本，诉讼成本，因传递过多信息而导致的竞争劣势成本等。

提供信息带来的可计量收益包括：增加营业收入、降低人工成本、降低物料成本、改善产品质量、提高生产能力、降低管理费用、提高资金周转率等。

提供信息带来的不可计量收益包括：企业流程与系统作业整合性的提高、生产自动化与透明化的提高、需求反应速度的提高、管理决策质量的改善、企业监控力度的加强等。

目前，实务操作中的主要问题是，信息传递的成本和收益中有许多项目是难以确切计量的，而且成本也不一定落到享受收益的使用者头上。除了专门为其提供信息的使用者之外，其他使用者也可能享受收益。这一问题的存在决定了成本效益原则至今只能是一种模糊的价值判断。它的真正落实也许只有等到实现有偿使用信息或者实现信息内部转移定价的未来时代了。

二、内部控制监督

（一）内部控制监督的程序

第一，建立健全内部监督制度。随着企业的不断壮大，主体结构或发展方向、员工人数及素质、生产技术或流程等方面会相应地发生变化，企业风险管理的有效性受其影响，曾经有效的风险应对策略可能变得不相关，控制活动可能不再有效甚至不被执行。面对这些变化，企业管理层需要实施必要的监督检查来确保内部控制的持续和有效运行。为此，企业需要首先建立健全内部监督制度。内部监督制度的主要内容包括但不限于：明确监督的组织架构、岗位设置、岗位职责、相关权限、工作方法、信息沟通的方式以及各种表格及报告样本等。

第二，制定内部控制缺陷标准。具有内部控制监督职能的部门在执行监督和检查工作之前，首先要明确监督的目的和要求，监督的直接目的是检验内部控制制度的执行效果，最终结果是服务于内部控制目标，内部监督的基本要求是查找内部控制缺陷，因此，明确内部控制缺陷的认定标准是内部监督工作的关键步骤，它直接影响内部监督工作的效率和效果。

内部控制缺陷，是指内部控制的设计存在漏洞，不能有效防范错误与舞弊，或者内部控制的运行存在弱点和偏差，不能及时发现并纠正错误与舞弊的情形。内部控制缺陷的认定大致可以分为三个层次：①有无内部控制缺陷；②有无重要内部控制缺陷；③有无重大内部控制缺陷。这三个层次是按照内部控制缺陷的重要程度来划分的，与之相对应，内部控制缺陷可以分为一般缺陷、重要缺陷和重大缺陷。按照缺陷的来源，内部控制缺陷也可分为设计缺陷与执行缺陷。在内部监督过程中，监督部门要对缺陷的种类、性质和重要程度进行初步认定。

第三，实施监督。对内部控制建立情况与实施情况进行监督检查，最直接的动机是查找出企业内部控制存在的问题和薄弱环节。一方面，针对已经存在的内部控制缺陷，及时采取应对措施，减少控制缺陷可能给企业带来的损害；另一方面，针对潜在的内部控制缺陷，采取相应的预防性控制措施，尽量限制缺陷的产生，或者当缺陷产生时，尽可能降低风险和损失。对于为实现单个或整体控制目标而设计与运行的控制不存在重大缺陷的情形的，企业应当认定针对这些整体控制目标的内部控制是有效的。内部控制的有效性，是指企业的内部控制政策和措施应符合国家法律、法规的相关规定，同时内部控制制度也要设计完整、合理，在企业生产过程中能得到有效的贯彻执行，并实现内部控制的目标。有效性以其完整性与合理性为基础，内部控制的完整性和合理性则以其有效性为目的。

对为实现某一整体控制目标而设计与运行的控制存在一个或多个重大缺陷的情形，企业应当认定针对该项整体控制目标的内部控制是无效的。内部控制的无效性，是指企业的内部控制政策和措施可能有与法律、法规相抵触的地方，或者内部控制制度设计不够完整、合理，在企业生产过程中没有得到有效的贯彻执行，从而无法实现内部控制的目标。

第四，记录和报告内部控制缺陷。企业应制定相关的管理规定，明确缺陷报告的职责、报告的内容，对缺陷报告程序及跟进措施等方面进行规范。例如，企业下属业务部门和其他控制人员在工作中发现内部控制的缺陷，及时以书面形式向其上级主管部门和内部控制主管部门报告；内部控制主管部门向管理层随时或定期汇报新出现的风险，或业务活动中存在的风险控制缺陷，涉及重要风险的控制方案及重大整改事项由内部控制委员会审查；内部控制主管部门在对企业内部控制体系进行评价的基础上，编制企业内部控制综合评价报告，经内部控制委员会审核确认后报董事会审议。内部控制缺陷的报告对象至少应包括与该缺陷直接相关的责任单位、负责执行整改措施的人员、责任单位的上级单位。针对重大缺陷，内部监督机构有权直接上报董事会及其审计委员会和监事会。

第五，内部控制缺陷整改。通过内部监督，可以发现内部控制在建立与实施中存在的问题和缺陷，进而采取相应的整改计划和措施，切实落实整改，促进内部控制系统的改进。

（二）内部控制监督的方法

内部监督分为日常监督和专项监督两种方法。

1. 日常监督

日常监督，是指企业对建立与实施内部控制的情况进行常规、持续的监督检查。日常监督通常存在于单位基层管理活动中，能较快地辨别问题，日常监督的程度越大，其有效性就越高，企业所需的专项监督就越少。日常监督按照监督的主体，一般分为管理层监督、单位（机构）监督、内部控制机构监督、内部审计监督等。

日常监督的具体方式如下。

（1）获得内部控制执行的证据。获得内部控制执行的证据，即企业员工在实施日常生产经营活动时，取得必要的、相关的证据证明内部控制系统发挥功能的程度。内部控制执行的证据包括企业管理层收集汇总的各部门信息、出现的问题，相关职能部门进行自我检查、监督时发现问题的记录及解决方案等。

（2）内外信息印证。内外信息印证，是指来自外部相关方的信息支持内部产生的结果或反映内部的问题，主要包括来自监管部门的信息和来自客户的信息。来自监管部门的信息，是指企业接受监管部门的监督，汇总、分析监管反馈信息；来自客户的信息，是指企业通过各种方式与客户沟通所搜集的信息。

（3）数据记录与实物资产的核对。企业定期将会计记录中的数据与实物资产进行比较并记录存在的差额，对产生差额的原因进行分析。

（4）内外部审计定期提供建议。审计人员评估内部控制的设计以及测试其有效性，识别潜在的缺陷并向管理层建议采取替代方案，同时为做出决策提供有用的信息。

（5）管理层对内部控制执行的监督。管理层主要通过以下渠道进行监督：审计委员会接收、保留及处理各种投诉及举报，并保证其保密性；管理层在培训、会议等活动中了解内部控制的执行情况；管理层审核员工提出的各项合理建议等。

2. 专项监督

专项监督，是指在企业发展战略、组织结构、经营活动、业务流程、关键岗位员工等发生较大调整或变化的情况下，对内部控制的某一或者某些方面进行有针对性的监督检查。为了及时发现内部控制缺陷，修正与完善内部控制系统，专项监督不可或缺。

（1）专项监督的主体。企业内部控制（审计）机构、财务机构和其他内部机构都有权参与专项监督工作，也可以聘请外部中介机构参与其中，但参与专项监督的人员必须具备相关专业知识和一定的工作经验，而且不得参与对自身负责的业务活动的评价监督。

（2）专项监督的范围和频率。尽管日常监督可以持续地提供内部控制其他组成要素是否有效的信息，但是针对重要业务和事项而实施的控制活动进行重点监督也是必不可少的。专项监督的范围和频率应根据风险评估结果以及日常监督的有效性等予以确定。一般来说，风险水平较高并且重要的控制，企业对其进行专项监督的频率应较高。

专项监督范围和频率的影响因素包括：①风险评估的结果。重要业务事项和高风险领域所需的专项监督频率通常较高；对风险发生的可能性较低但影响程度大的业务事项（突发事件），进行日常监督的成本很高，为此应更多地依赖专项监督。②变化发生的性质和程度。当内部控制的各要素发生变化，可能对内部控制的有效性产生较大影响的情形下，企业应当组织实施独立的专项监督，专门就该变化的影响程度进行分析研究。③日常监督的有效性。日常监督根植于企业日常、反复发生的经营活动中，如果日常监督扎实有效，可以迅速应对环境的变化，对专项监督的需要程度就越低。反之，对专项监督的需要程度就越高。

总之，日常监督和专项监督应当有机结合。前者是后者的基础，后者是前者的有效补充：如果发现某些专项监督活动需要经常性地开展，那么企业有必要将其纳入日常监督中，以便进行持续的监控。通常，二者的某种组合会使企业内部控制在一定时期内保持其有效性。

第三节 资金控制与存货控制

一、资金控制

在企业经营过程中，资金活动类似于企业经营活动中的血脉，把企业生产经营的方方面面，从上到下都串联起来了。同时，货币资金又是企业管理中最容易被挪用、被挤占和出现工作失误的领域。因此，与货币资金活动相关的管理，在企业管理和内部控制中占据着重要地位。

（一）货币资金内部控制的范围及负责人

1. 货币资金内部控制的范围

货币资金是指企业在生产经营过程中停留在货币阶段的那一部分资金，是以货币形态存在的资产。货币资金包括现金、银行存款、其他货币资金等。

现金，是指企业的库存现金，包括库存人民币和各种外币。

银行存款，是指企业存入银行和其他金融机构的各种存款。

其他货币资金，是指现金和银行存款以外的货币资金，包括外埠存款、银行汇票存款、银行本票存款、信用卡存款、信用证保证金存款、存出投资款等。就其本质而言，其他货币资金大多属于银行存款的范畴，只是承诺了专门用途，不能像一般的银行存款那样随时可安排使用。

货币资金的特点是流动性很强，是速动资产的重要组成部分。其中现金是所有资产中流动性最强的一项资产。正因为货币资金具有很强的流动性，并且其中的现金及银行存款随时可以用于购买商品、劳务和清算债务，是不法分子极易侵占的对象，因此，企业应非常重视货币资金的内部控制。

2. 货币资金内部控制的责任人

企业财会部门负责对货币资金的日常管理，对本企业货币资金内部控制的建立、健全和有效实施，以及货币资金的安全承担日常管理责任；总会计师或财务部门负责人对货币资金的控制承担领导责任；单位负责人对货币资金控制承担最终责任。这里的单位负责人是指单位法定代表人或者法律、行政法规规定代表单位行使职权的主要负责人。

（二）货币资金内部控制的监督与检查

1. 监督与检查制度及方法

单位应当建立货币资金内部控制的监督与检查制度，明确监督检查机构或人员的职责权限，定期或不定期地进行检查。

单位监督检查机构或人员应通过实施符合性测试和实质性测试，检查货币资金业务内部控制制度是否健全，各项规定是否得到有效执行。

（1）符合性测试，是检查内部控制实行执行情况所进行的测试，通常采用观察、实验、检查证据等方法进行。在符合性测试中，要求检查监督人员做出总体错误率的推断，这通过统计抽样方法中的属性抽样来完成。属性抽样是对总体进行定性评价，描述总体的质量特征的统计抽样方法。属性抽样通过对总体范围内一定数量的样本进行审查，确定其中有多少为正确，有多少为错误，进而获得样本错误数或错误率，据以对总体的错误率进行推断，从而对总体做出定性的评价。

（2）实质性测试，是指为取得直接证据而进行的深入的检查，其目的是使结论建立在足够的证据基础上。实质性测试要求做出总体错误额或正确额的结论。因此，实质性测试所使用的统计抽样方法要求能对总体进行定量评价，并能描述总体的数量特征，这种统计抽样的方法称为变量抽样。变量抽样通过对被检查监督的总体范围内一定数量的项目（样本）进行审查。确定其中无错部分和有错部分，以及错误额；确定样本错误额或样本平均值等数据，按照一定的公式推断总体的错误额或正确额，进而对总体做出定量的评价。

2. 监督与检查的主要内容

（1）货币资金业务相关岗位及人员的设置情况。重点检查是否存在货币资金业务不相容职务混岗的现象。

（2）货币资金授权批准制度的执行情况。重点检查货币资金支出的授权批准手续是否健全，是否存在越权审批行为。

（3）支付款项印章的保管情况。重点检查是否存在办理付款业务所需的全部印章交由一人保管的现象。

（4）票据的保管情况。重点检查票据的购买、领用、保管手续是否健全，票据保管是否存在漏洞。

3. 监督与检查结果的处理

货币资金内部控制的监督与检查是保证货币资金内部控制制度得以有效实施的一项保障性措施。通过监督与检查，对货币资金内部控制制度实施的有效性进行评价和总结，一方面促使货币资金内部控制制度得到更加有效的实施，另一方面发现货币资金内部控制的薄弱环节，及时采取措施加以纠正，不断地完善货币资金内部控制。

二、存货控制

存货，通常由原材料、在产品、产成品等组成，是企业资产的重要部分。存货的或高或低，都对企业的经营效益具有显著影响。而且存货的流通性强，也意味着它在管理中具有更大的风险。因此，在企业内部控制中，加强对存货的控制就显得非常重要。

（一）存货的取得、验收与入库控制

存货通常包括各类材料、在产品、半成品、产成品、商品以及包装物、低值易耗品、委托代销商品等。

1. 存货的取得控制

存货有很多取得方式，包括购入、自制、委托加工、接受投资、债务人以存货抵债、以货易货、接受捐赠等。单位应当根据存货取得的不同方式，采取相应的控制方法实施有效控制，确保存货的取得真实、合理、透明。

（1）单位外购存货的取得控制。通过购买而取得的存货的成本由采购成本构成，主要包括采购价格、进口关税、其他税金、运输费、装卸费、保险费和其他可直接归属于存货采购的费用。

（2）自制存货的取得控制。单位通过进一步加工而取得的存货的成本，主要由采购成本和加工成本构成，也可能还包括其他成本。其中，存货的采购成本包括上述组成部分。存货的加工成本，是指在存货加工过程中发生的追加费用，包括直接人工以及按照一定方法分配的制造费用；存货的其他成本是指除采购成本、加工成本以外的，使存货达到目前场所和状态所发生的其他支出，如为特定客户设计产品所发生的设计费用等。

（3）委托加工存货的取得控制。单位因自己没有生产能力或者自己生产的成本较高等原因，可以委托其他企业加工存货。此时，其存货的取得成本包括四部分：加工中耗用物资的实际成本、支付的加工费用、支付的应计入加工成本的税金、支付加工物资的往返运杂费。

（4）接受投资者投入的存货的取得控制。单位接受投资取得的存货，其取得成本和质量状况应经过评估和检查，并与单位筹资合同或协议的约定相一致。

（5）接受捐赠存货的取得控制。单位有时会通过他方的捐赠取得存货。

（6）接受债务人以非现金资产抵债的存货的取得控制。单位之间由于互相提供产品或劳务，经常会产生债权、债务关系，由此也就会发生债务人以非现金资产（比如存货）抵债的情况，或者以应收债权换入存货。该类存货的取得应经过单位有关部门和人员的审核批准，其取得存货的成本和质量状况应当符合双方的有关协议。

2. 存货的验收控制

单位应当根据规定的验收制度和经批准的订单、合同等采购文件，由独立的验收部门或指定专人对所购货物或劳务等的品种、规格、数量、质量和其他相关内容进行验收，并出具验收证明。对验收过程中发现的异常情况，负责验收的部门或人员应当立即向有关部门报告；有关部门应查明原因，及时进行处理。

货物的验收应由独立于请购、采购和会计部门的人员来承担，其责任是检验收到的货物的数量和质量。

3. 存货的入库控制

（1）财会部门对存货入库的控制。单位财会部门应当按照国家统一会计制度的规定，根据验收证明对验收合格的存货及时办理入账手续，正确登记入库存货的数量与金额。单位外购存货时，由于结算方式和采购地点不同，存货入库和货款的支付在时间上不一定完全同步；相应的，其入账处理也有所不同。

（2）存货管理部门对存货的入库控制。单位存货管理部门应当设置实物明细账，详细登记验收合格入库的存货的类别、编号、名称、规格、型号、计量单位、数量、单价等内容，并定期与财会部门核对。代管、代销、暂存、受托加工的存货，其产权不属于代管、受托单位。应单独记录，避免与本单位存货相混淆。

（二）存货的领用、发出与处置控制

1. 存货的领用与发出控制

单位的存货总是处于不断周转过程中，既有流入，又有流出。单位应当根据存货实物流转的情况、存货的性质等加强对存货领用与发出的控制。

（1）领用发出存货应填制的凭证。单位发出存货时，要填写"领料单"和"产品出库单"等凭证，登记领用或发出存货的名称、规格、数量等，有关部门和人员还要签字盖章，以明确责任。

（2）发出存货成本的计算。发出存货成本的计算与采用的存货流转假设有关，具体包括：①单位内部各业务部门因生产、管理、基本建设等需要领用存货的，要履行审批手续，填制领料凭证；②单位销售存货，要填制相关凭证，如果同时满足收入确认的条件，就要确认收入，并根据配比原则结转已销存货成本；③单位对外捐赠存货，要履行审批手续，填制凭证，签订捐赠协议，捐赠对象须明确，捐赠方式须合理，捐赠程序可监督检查；④单位运用存货对外投资，要履行审批手续，填制凭证，并与投资合同或协议等核对一致。

2. 存货处置控制

单位的各种存货按照行销状况及盘存记录，可以分为畅销、平销及有问题三类。前两类通称适销存货，后一类属于不适销或积压的有问题存货。有问题存货又分为销小存大、冷背呆滞、质次价高、残损霉变等多种。对有问题的存货，单位要采取一定的方法及时处理。

（1）权衡利弊，合理地进行削价处理。对不适销的存货，不少企业采取挂账方式而不予处理，这样做表面上不会减少当期收益，但对企业是非常不利的。因为存货一旦积压滞销，损失实际上已经形成，企业无论处理与否，削价损失都是客观存在的，并且拖延的时间越长，需要降价的幅度会更大，推销的难度也会更大，造成的实际损失会更多。另外，采用挂账方式，积压存货占用的资金不能及时盘活，不能投入企业资金周转增值过程，从而形成机会损失。占用的资金还需要支付利息费用，仓储的积压存货还要支付储存费用。

若存货损失不能处理，使企业利润虚增，增加企业税收，还会导致现金流出量增加。因此，企业要从盘活资金的角度出发，积极地处理有问题的存货。

（2）完善存货质量控制制度。对积压的有问题的存货进行削价处理是企业迫不得已的举措，削价处理总会使企业遭受一定的经济损失。虽然存货积压的情况是难以完全避免的，但是如果企业采取有效的管理措施，严格控制存货数量和质量，还是可以降低或防范存货积压的情况。

（三）存货控制的监督与检查

1. 监督检查制度、机构及方法

单位应当建立对存货内部控制的监督与检查制度，明确监督检查机构或人员的职责权限，定期或不定期地进行检查。在企业中，对存货内部控制执行结果的监督检查，通常是由内部审计部门进行的。当然，企业也可以委托外部的审计机构和注册会计师对本单位的存货内部控制情况进行检查。

单位监督检查机构或人员应通过实施符合性测试和实质性测试，检查存货业务内部控制制度是否健全，各项规定是否得到有效执行。

2. 存货内部控制监督检查的内容

（1）对存货业务相关岗位及人员的设置情况进行检查，重点是检查单位是否在存货业务中存在不相容岗位混岗的现象，对不相容职务是否真正做到了分离控制。

（2）对存货业务授权批准制度的执行情况进行检查，重点是检查授权批准手续是否健全，是否存在越权审批行为。如果存在，是否及时进行了纠正和处理。

（3）对存货收发、保管制度的执行情况进行检查，重点是检查存货的取得是否真实、合理，存货验收手续是否健全，存货保管的岗位责任制是否落实，存货清查、盘点是否及时、正确。

（4）对存货处置制度的执行情况进行检查，重点是检查存货处置是否经过授权批准，处置价格是否合理，处置价款是否及时入账。

（5）对存货会计核算制度的执行情况进行检查，重点是检查存货成本核算、价值变动是否真实、完整、及时。

单位对监督检查中发现的存货业务内部控制中的薄弱环节或漏洞，应当告知有关部门，有关部门要及时查明原因，积极采取有效措施，及时加以纠正和完善，保证存货业务内部会计控制的顺利实施。

单位监督检查部门要按照单位内部管理权限向上级有关部门报告存货业务内部控制监督检查情况和有关部门的整改情况。

第四节　销售业务控制与采购业务控制

一、销售业务控制

企业强化销售业务管理，应当对现行销售业务流程进行全面梳理，查找管理漏洞，及时采取切实可行的措施加以改正。与此同时，还应当注重健全相关管理制度，明确以风险为导向的、符合成本效益原则的销售管控措施，实现与生产、资产、资金等方面管理的衔接，落实责任制，有效防范和化解经营风险。

(一) 企业销售业务的流程

销售与收款业务是指销售商品、提供劳务并取得货款的行为，主要包括确定客户、订立销售合同、客户信用审核、发货、销售发票的开具、销售货物以及应收账款控制等环节的业务。

企业销售业务流程，主要包括销售计划管理、客户开发与信用管理、销售定价、订立销售合同、发货、收款、客户服务和会计系统控制等环节。企业在实际开展销售业务时可以参照此流程，并结合自身业务特点和管理要求，构建和优化销售业务流程。

(二) 销售业务的风险控制

1. 销售计划环节

销售计划是指在进行销售预测的基础上，结合企业生产能力，设定总体目标额及不同产品的销售目标额，进而为能实现该目标而设定具体营销方案和实施计划以支持未来一定期间内销售额的实现。该环节的主要风险是：销售计划缺乏或不合理或未经授权审批，导致产品结构和生产安排不合理，难以实现企业生产经营的良性循环。

销售计划环节的控制措施，主要有以下两项。

(1) 企业应当根据发展战略和年度生产经营计划，结合企业实际情况，制订年度销售计划。在此基础上，结合客户订单情况，再制订月度销售计划，并按规定的权限和程序审批后下达执行。

(2) 定期对各产品（商品）的区域销售额、进销差价、销售计划与实际销售情况等进行分析，结合生产现状，及时调整销售计划，调整后的销售计划须履行相应的审批程序。

2. 客户开发与信用管理环节

企业应当积极开拓市场份额，加强现有客户维护，开发潜在目标客户，对有销售意向的客户进行资信评估，根据企业自身风险接受程度确定具体的信用等级。客户开发与信用管理环节的主要风险是：现有客户管理不足、潜在市场需求开发不够，可能导致客户丢失或市场拓展不力；客户档案不健全，缺乏合理的资信评估，可能导致客户选择不当，销售款项不能收回或遭受欺诈，从而影响企业的资金流转和正常经营。

客户开发与信用管理环节的控制措施，主要有以下两项。

（1）定价机制和信用方式控制。企业应当在进行充分市场调查的基础上，合理细分市场并确定目标市场，根据不同目标群体的具体需求，确定定价机制和信用方式，灵活运用销售折扣、销售折让、信用销售、代销和广告宣传等多种策略和营销方式，促进销售目标的实现，不断提高市场占有率。

（2）客户信用销售业务档案控制。建立和不断更新维护客户信用动态档案，由与销售部门相对独立的信用管理部门对客户付款情况进行持续跟踪和监控，提出划分、调整客户信用等级的方案。根据客户信用等级和企业信用政策，拟定客户赊销限额和时限，经销售、财会等部门具有相关权限的人员审批。对境外客户和新开发客户，应当建立严格的信用保证制度。

3. 销售定价环节

销售定价是指商品价格的确定、调整及相应审批。销售定价环节的主要风险是：定价或调价不符合价格政策，未能结合市场供需状况、盈利测算等进行适时调整，造成价格过高或过低、销售受损；商品销售价格未经恰当审批或存在舞弊，可能损害企业经济利益或者企业形象。

销售定价环节的控制措施，主要有以下三项。

（1）基准定价控制。应根据有关价格政策，综合考虑企业财务目标、营销目标、产品成本、市场状况及竞争对手情况等多方面因素，确定产品基准定价。定期评价产品基准价格的合理性，定价或调价需经具有相应权限人员的审核批准。

（2）价格浮动控制。在执行基准定价的基础上，针对某些商品可以授予销售部门一定限度的价格浮动权，销售部门可结合产品市场特点，将价格浮动权向下实行逐级递减分配，同时明确权限执行人。价格浮动权限执行人必须严格遵守规定的价格浮动范围，不得擅自突破。

（3）销售折扣与销售折让控制。销售折扣、销售折让等政策的制定应由具有相应权限的人员审核批准。销售折扣、销售折让授予的实际金额、数量、原因及对象应予以记录，并归档备查。

4. 订立销售合同环节

企业与客户订立销售合同，明确双方权利和义务，以此作为开展销售活动的基本依据。订立销售合同环节的主要风险是：合同内容存在重大疏漏和欺诈，未经授权对外订立销售合同，可能导致企业合法权益受到侵害；销售价格、收款期限等违背企业销售政策，可能导致企业经济利益受损。

订立销售合同环节的控制措施，主要有以下两项。

（1）合同谈判控制。订立销售合同前，企业应当指定专门人员与客户进行业务洽谈、磋商或谈判，关注客户信用状况，明确销售定价、结算方式、权利与义务条款等相关内容。重大的销售业务谈判还应当吸收财会、法律等专业人员参加，并形成完整的书面记录。

（2）合同审批控制。企业应当建立健全销售合同订立及审批管理制度，明确必须签订合同的范围，规范合同订立程序，确定具体的审核、审批程序和所涉及的部门人员及相应权责。审核、审批应当重点关注销售合同草案中提出的销售价格、信用政策、发货及收款方式等。重要的销售合同，应当征询法律专业人员的意见。销售合同草案经审批同意后，企业应授权有关人员与客户签订正式销售合同。

5. 发货环节

发货是根据销售合同的约定向客户提供商品的环节。发货环节的主要风险是：未经授权发货或发货不符合合同约定，可能导致货物损失或客户与企业发生销售争议、销售款项不能收回。

发货环节的控制措施，主要有以下四项。

（1）销售部门应当按照经审核后的销售合同开具相关的销售通知单交仓储部门和财会部门。

（2）仓储部门应当落实出库、计量、运输等环节的岗位责任，对销售通知进行审核，严格按照所列的发货品种和规格、发货数量、发货时间、发货方式、接货地点等，按规定时间组织发货，形成相应的发货单据，并连续编号。

（3）相关部门应当以运输合同或条款等形式明确运输方式、商品短缺、毁损或变质的责任，到货验收方式、运输费用承担、保险等内容，货物交接环节应做好装卸和检验工作，确保货物的安全发运，由客户验收确认。

（4）相关部门应当做好发货各环节的记录，填制相应的凭证，设置销售台账，实现全过程的销售登记制度。

6. 收款环节

收款是指企业经授权发货后与客户结算的环节，按照发货时是否收到货款，可分为现销和赊销。收款环节的主要风险是：企业信用管理不到位，结算方式选择不当，票据管理不善，账款回收不力，导致销售款项不能收回或遭受欺诈；收款过程中存在舞弊，使企业经济利益受损。

收款环节的控制措施，主要有以下五项。

（1）结合公司销售政策选择恰当的结算方式，加快款项回收，提高资金的使用效率。对商业票据，结合销售政策和信用政策，明确应收票据的受理范围和管理措施。

（2）建立票据管理制度，特别是加强商业汇票的管理：①对票据的取得、贴现、背书、保管等活动予以明确规定；②严格审查票据的真实性和合法性，防止票据欺诈；③由专人保管应收票据，对即将到期的应收票据，及时办理托收，定期核对盘点；④票据贴现、背书应经恰当审批。

（3）加强赊销管理。①需要赊销的商品，应由信用管理部门按照客户信用等级审核，并经具有相应权限的人员审批；②赊销商品一般应取得客户的书面确认，必要时，要求客户办理资产抵押、担保等收款保证手续；③应完善应收款项管理制度，落实责任，严格考核，实行奖惩。销售部门负责应收款项的催收，催收记录（包括往来函电）应妥善保存。

（4）加强代销业务款项的管理，及时与代销商结算款项。

（5）收取的现金，银行本票、汇票等应及时缴存银行并登记入账，防止由销售人员直接收取款项，如必须由销售人员收取的，应由财会部门加强监控。

二、采购业务控制

采购，是指企业在一定的条件下从供应市场获取产品或服务作为企业资源，以保证企业生产及经营活动正常开展的一项企业经营活动；是指个人或单位在一定的条件下从供应市场获取产品或服务作为自己的资源，为满足自身需要或保证生产、经营活动正常开展的一项经营活动。

（一）采购业务控制的要求

1. 完善采购管理制度

企业应当结合实际情况，全面梳理采购业务流程，完善采购业务相关管理制度，统筹安排采购计划，明确请购、审批、购买、验收、付款、采购后评估等环节的职责和审批权限，确保管理流程科学合理，能较好地保证物资和劳务供应顺畅。

2. 严格执行与监控

企业各部门按照规定的审批权限和程序办理采购业务，落实责任制，建立价格监督机制，定期检查和评价采购过程中的薄弱环节，采取有效控制措施，确保物资和劳务采购能经济、高效地满足企业的生产经营需要。

（二）采购业务的主要风险点

1. 需求计划和采购计划的编制环节

采购业务从计划（或预算）开始，包括需求计划和采购计划。企业实务中，需求部门一般根据生产经营需要向采购部门提出物资需求计划。采购部门根据该需求计划归类汇总平衡现有库存物资后，统筹安排采购计划，并按规定的权限和程序审批后执行。需求计划和采购计划编制环节的主要风险包括需求或采购计划不合理、不按实际需求安排采购或随意超计划采购，甚至与生存经营计划不协调等，造成企业资源浪费或库存成本上升，从而影响企业正常生产经营；不按规定维护安全库存、未按照要求及时调整采购计划，影响企业正常运行。

需求计划和采购计划的编制环节的关键控制要点：生产经营部门应根据实际需求情况，及时编制需求计划。需求部门提出需求计划时，不能指定或变相指定供应商。企业根据发展目标实际需要，结合库存和在途情况，科学安排采购计划。采购计划应纳入采购预算管理，经相关负责人审批后，作为企业刚性指令严格要求。

2. 请购环节

请购是指企业生产经营部门根据采购计划和实际需要提出的采购申请。请购环节的主要风险包括：缺乏采购申请制度，造成企业管理混乱；请购未经适当审批或超越授权审批，可能导致采购物资过量或短缺，影响企业正常生产经营。

请购环节的关键控制要点：建立采购申请制度。企业根据实际需要设置专门的请购部门对需求部门提出的采购计划进行审核，并归类汇总，统筹安排企业的采购计划。在审批采购申请时，应重点关注采购申请内容是否准确、完整，是否符合生产经营需要，是否符合采购计划，是否在采购预算范围内。对不符合采购要求的，应要求请购部门调整请购内容或者拒绝批准。

3. 选择供应商环节

选择供应商也就是确定采购渠道。它是企业采购业务流程中非常重要的环节。选择供应商环节的主要风险包括：缺乏完善的供应商管理办法，无法及时考核供应商，导致供应商选择不当，影响企业利润。大额采购未实行招投标制度，可能导致采购物资质次价高，甚至出现舞弊行为。

选择供应商环节的关键控制要点：建立科学的供应商评估和准入制度，对供应商信誉情况的真实性和合法性进行审查。必要时，企业可委托具有相应资质的中介机构对供应商进行资信检查。建立供应商管理信息系统和供应商淘汰制度，对供应商提供物资或劳务的质量、价格、交货及时性等进行实时的考察和评价，并在供应商管理系统中作相应记录。

4. 确定采购价格环节

如何以最优性价比采购到符合需求的物资，是采购部门永恒的主题。确定采购价格环节的主要风险包括：采购定价机制不科学，采购定价方式选择不当，缺乏对重要物资品种价格的跟踪监控，引起采购价格不合理，可能造成企业资金流失；内部稽核制度不完善，导致因回扣现象等造成企业损失。

确定采购价格环节的关键控制要点：健全采购定价机制，采取协议采购、招标采购、比价采购、动态竞价采购等多种方式，科学合理地确定采购价格。建立采购价格数据库，定期开展重要物资的市场需求形势及价格走势、商情分析并合理利用。

5. 订立采购合同环节

采购合同是指企业根据采购需要、确定的供应商、采购方式、采购价格等情况与供应商签订的具有法律约束力的协议。订立采购合同环节的主要风险包括：未经授权对外订立采购合同，合同对方主体资格、履约能力等未达要求，合同内容存在重大疏漏或欺诈，可能导致企业合法权益受到损害；未能根据市场情况及时调整合同内容，造成企业采购行为脱离市场供需情况。

订立采购合同的关键控制要点：根据确定的供应商、采购方式、采购价格情况，准确描述合同条款，明确双方权利、义务和违约责任，按照规定权限签署采购合同。

6. 管理供应过程环节

管理供应过程，主要指企业建立严格的采购合同跟踪制度，科学评价供应商的供货情况，并根据合理选择的运输工具和运输方式，办理运费投保事宜，实时掌握物资采购供应过程中的情况。管理供应过程环节的主要风险包括：缺乏对采购合同履行情况的有效跟踪，运输方式选择不合理，忽略运输过程的风险，导致物资损失或无法保证供应；未对供应商的供应过程做好记录，导致供应商过程评价缺少原始资料。

管理供应过程环节的关键控制要点：对重要物资建立并执行合同履约过程中的巡视、点检和监造制度。实行全过程的采购登记制度或信息化管理，确保采购过程的可追溯性。

7. 验收环节

验收环节是指企业对采购物资的检验接收，以确保其符合合同规定或者产品质量要求。验收环节的主要风险包括：验收标准不明确，验收程序不规范，导致不合格产品流入企业；对验收过程中的异常情况不做及时处理，导致账实不符，给企业造成损失。

验收环节的关键控制要点：制度明确的采购验收标准，结合物资特性确定必检物资目录，规定此类物资出具质量检验报告方可入库。验收人员应当根据采购合同及质量检验部门出具的质量检验证明，重点关注采购合同、发票等原始单据与采购物资的数量、质量、规格型号等核对一致。对验收合格的物资，要填制入库凭证。验收时涉及技术性强的、大宗的和新特物资，还应进行专业测试，必要时可委托具有检验资质的机构或者聘请外部专家协助验收。

第六章 不同行业的内部控制及其优化

第一节 事业单位内部控制及其优化

一、事业单位的控制与内部控制

（一）事业单位的控制

1. 控制的目的

管理中控制的目的包括以下两点。

（1）影响组织中成员的思想和行为，以保证组织战略被执行，从而使组织目标得以实现。

（2）通过规则和流程保证业务活动的方向、资源使用，将业务活动风险控制在合理的范围之内，及时发现和纠正影响组织目标实现的偏差。

2. 控制的作用

控制的作用具体体现在以下三个方面。

（1）通过控制使复杂的组织活动能协调一致地运作。由于现代组织的规模有着日益扩大的趋势，组织的各种活动日趋复杂化，要使组织内众多的部门和人员在分工的基础上能协调一致地工作，完善的计划是必备的基础，而计划的实施则要以控制为保证手段。

（2）通过控制可以避免和减少管理失误造成的损失。组织所处环境的不确定性以及组织活动的复杂性会导致不可避免的管理失误。控制工作通过对管理全过程的检查和监督，可以及时发现组织中的问题，并采取纠偏措施，以避免或减少工作中的损失，为执行和完成计划起着必要的保障作用。

（3）通过控制可以有效减轻环境的不确定性对组织活动的影响。现代组织所面对的环境具有复杂多变的特点，再完善的计划也难以将未来出现的变化考虑得十分周全。因此，为了保证组织目标和计划的顺利实施，就必须通过控制降低环境的各种变化对组织活动的影响。

（二）事业单位的内部控制

"事业单位内部控制的实施，能为事业单位的发展提供规范、高效的运行环境，提高识别和防范各类风险的能力，提升单位管理水平，实现国有资产效用的最大化。"[1]

内部控制的目标是通过采用具体而有效的控制方法来达成的。控制方法是为控制某项风险而有针对性地采取的方法，控制方法应用到具体业务过程便是具体的控制措施。经常采用的内部控制方法有以下八个。

第一，不相容岗位相互分离。合理设置内部控制关键岗位，明确划分职责权限，实施相应的分离措施，形成相互制约、相互监督的工作机制。

第二，内部授权审批控制。明确各岗位办理业务和事项的权限范围、审批程序和相关责任，建立重大事项集体决策和会签制度。相关工作人员应当在授权范围内行使职权、办理业务。

第三，归口管理。根据本单位实际情况，按照权责对等的原则，采取成立联合工作小组并确定牵头部门或牵头人员等方式，对有关经济活动实行统一管理。

第四，预算控制。强化对经济活动的预算约束，使预算管理贯穿于单位经济活动的全过程。

第五，财产保护控制。建立资产日常管理制度和定期清查机制，采取资产记录、实物保管、定期盘点、账实核对等措施，确保资产安全、完整。

第六，会计控制。建立健全本单位财会管理制度，加强会计机构建设，提高会计人员业务水平，强化会计人员岗位责任制，规范会计基础工作，加强会计档案管理，明确会计凭证、会计账簿和财务会计报告处理程序。

第七，单据控制。根据国家有关规定和单位的经济活动业务流程，在内部管理制度中明确界定各项经济活动所涉及的表单和票据，要求相关工作人员按照规定填制、审核、归档、保管单据。

第八，信息内部公开。建立健全经济活动相关信息内部公开制度，根据国家有关规定和单位的实际情况，确定信息内部公开的内容、范围、方式和程序。

二、事业单位内部控制的优化

（一）强化内部控制意识

第一，事业单位应该充分意识到内部控制工作的价值与作用，加强对内部资金用度、

---

① 章艳 . 浅谈事业单位内部控制的优化对策 ［J］. 财讯，2021（16）：182.

会计审计的管理力度，严厉杜绝虚报财务数据、更改报销凭证等行为的发生，确保事业单位的每一笔资金都用到实处，有效提升社会公共服务水平。

第二，事业单位要将内部控制工作放在首要地位，管理层要在内部控制工作中发挥良好的引导作用，督促相关人员根据规则要求切实做好内部控制工作，对收支情况、凭证报销、固定资产统计等展开全面细致的监督管理。

第三，事业单位要加强内部人员的内部控制培训工作，使员工充分意识到内部控制是全体员工共同的责任，充分调动员工参与内部控制的积极性，强化员工的内部控制意识，主动履行自身在内部控制中的责任和义务。

第四，事业单位要加强内部管理和内部控制之间的联系，将内部控制工作提升到战略层次，拟定事前规划、事中管理、事后总结的内部控制机制，强化内部控制的职能作用。

（二）优化财务管理体系

第一，事业单位应该细化财务预算项目，参考各个部门的工作需求，以往年的预算执行情况为基础，对下一年的收支预算展开科学合理的测算分析，合理规划资金用度情况。事业单位需要将预算编制进行精细化处理，保证每一笔资金支出都能细化到具体的项目当中，避免出现预算资金使用无度的问题。

第二，事业单位应该加强费用报销的管理与控制，严格遵守标准规定开展费用报销工作，拒绝随意报销、实报实销的问题。事业单位对每一笔报销费用，都需要录入统一账户当中，确保财务报销明细都有账可查，推动费用报销的规范化运作。

第三，事业单位应该建立固定资产审计小组，并对小组及成员的责任义务作出明确的说明。该小组需要对单位内部固定资产的使用状况、性能进行全面合理的检测分析，拟定详细的报告清单，制定并实施定期固定资产审查制度，提升固定资产的动态化管理水平。

（三）健全内部控制制度

第一，事业单位需要不断完善授权审批制度，提升财务管理、会计审计等工作的独立性，秉承公正、公平的原则开展财务经营活动，管理层不得过多干涉财务管理工作，确保事业单位的财务工作在阳光下进行，从而提升社会民众的信任感。

第二，事业单位需要建立健全风险防范体系，促进风险防范机制与财务管理体系的有机融合，提升事业单位的财务管理水平，不仅可以为内部控制工作的顺利开展奠定良好的基础，还可以有效降低事业单位的财务风险危机。

第三，事业单位应该对各个部门、各个员工在内部控制中的职能任务作出明确的说明，并督促各个部门、各个员工履行好自身的责任和义务，形成从上而下、科学完善的内部控制工作体系。事业单位要面向社会招聘专业的内部控制人员，避免出现身兼多职的现象，使相关人员拥有充沛的精力和时间处理内部控制问题，进一步强化内部控制工作的职能效用。

（四）改善监督评价机制

第一，事业单位应该根据自身状况，制定合理全面的监督管理体系，确保每一项内部控制工作都合乎规范，并对内部控制工作的结果作出公平合理的评价，及时发现内部控制工作中的缺陷与不足，制定并落实针对性的改善措施，从而促进事业单位内部控制工作的优化与完善。

第二，事业单位需要对单位内部的财务管理、会计审计工作实施全方位、全过程的监督管理，严厉打击财务造假、粉饰会计审计、骗取报销费用的行为，对内部控制工作成效突出的部门和员工给予适当的表扬和奖励；对内部控制成效一般的部门和员工应给予严厉的批评，形成良好的竞争机制，从而强化内部控制的职能效用。

第三，事业单位要加强内部控制工作的外部监督，从立法、执行、审计等多个角度出发，定期对单位内部的财务活动进行全方位检查，及时将检查结果公布出来，接受社会的监督与批评，从而形成良好的循环改进机制。

第二节　企业单位内部控制及其优化

一、企业单位内部控制

（一）不相容职务分离控制

1. 不相容职务分离的基本要求

不相容职务是指那些如果由一个人担任既可能发生错误和舞弊行为，又可能掩盖其错误和舞弊行为的职务，如授权批准、业务经办、会计记录、财产保管、稽核检查等。为此，要求将授权批准与业务经办、业务经办与会计记录、会计记录与财产保管、业务经办与稽核检查、授权批准与监督检查等职务予以分离。

对不相容职务，如果不实行相互分离的措施，就容易发生舞弊等行为。例如，物资采购业务，批准进行采购与直接办理采购即属于不相容职务，如果这两个职务由同一个人担当，即出现该员工既有权决定采购什么、采购多少，又可以决定采购价格、采购时间等，在没有其他岗位或人员的监督制约的情况下，就容易发生舞弊行为。又如，一名会计人员既保管支票印章，又负责签发支票；或者既记录支票登记簿，又登记银行存款日记账；或者既负责编制会计凭证，又负责企业与银行之间账目的审核与对账等工作；等等。以上行为就完全不符合不相容职务相互分离的控制原则，很有可能导致舞弊行为的发生。

从控制的观点看，如果一名负有多项责任的人员在其正常的工作过程中会发生错误或舞弊，并且控制制度又难以发现，那么就可以肯定他所兼任的职务是不相容的。由于职务分离控制的目的就是要预防和及时发现员工在履行职责过程中可能发生的错误和舞弊行为，因此，对不相容职务必须进行分离，包括在组织机构之间的分离和组织机构内部有关人员之间的分离，至少要求控制几个关键点：①任何业务，尤其是货币资金收支业务的全过程不能由某一个岗位或某一个人包办；②经济业务的责任转移环节不能由某一个岗位单独办理；③某一个岗位履行职责的情况绝不能由其自己说了算；④财务等重要权力的行使必须接受定期或不定期的独立审查；等等。

任何企业都应当根据各项经济业务与事项的流程和特点，系统、完整地分析、梳理执行该经济业务与事项涉及的不相容职务，并结合岗位职责分工采取过程分离和岗位分离措施。有条件的企业应当实行岗位轮换制度，还可以借助计算机信息系统，通过权限设定等方式自动实现不相容职务的相互分离。

2. 不相容职务检查的主要内容

基于不相容职务分离的原则，企业在组织机构设置中，应考虑设计自动检查和平衡功能。其检查的基本要求如下。

（1）每类经济业务的发生与完成，不论是简单的还是复杂的，必须经过两个或两个以上的部门或人员并保证业务循环中的有关部门和人员之间进行检查与核对。如果企业没有适当的职务分离，则发生错误和舞弊的可能性较大。例如，一项支票业务的签发必须经过不同部门或人员，如支票申领人、支票签发人、支票核对人、支票盖章人、支票记录人等，并保证该业务循环中有关部门之间相互检查与制约。总之，对一项经济业务处理的全过程的检查应当注意其各个步骤是否分派给不同的部门和人员来负责，防止一人包办到底的情况发生。

（2）在每项经济业务检查中，检查者不应从属于被检查者领导，以保证检查出的问题不被掩盖并得到及时纠正。例如，保管材料的仓库保管员在没有及时取得符合质量和数量要求的材料时，可能向上级领导反映，以便引起管理部门的重视；如果其上级是采购员，则反映结果往往会引起采购员的不满甚至抵触。同样，如果销售经理的上级是主管制造的副总经理，则销售经理一旦因产品质量问题引起客户不满而向上反映时，往往会被其上级所掩饰。

（3）权力与职责应当明确地授予具体的部门和人员，并尽可能给予有关部门和人员一定的自主权，以便为组织内部全部经济活动的各个岗位规定明确的经济责任。这种权力与职责通常应当以书面文件的形式加以规定。如果有责无权，内部控制的职责就会无法落实，这种情形应当被及时发现、及时纠正。

（4）对关键岗位（或重要岗位）应当实行岗位轮换或强制休假制度，并检查落实情况。

（5）按照决策程序应当实行回避制度、任用会计人员应当实行回避制度的，应当检查实施情况。

（二）授权审批控制

1. 授权批准控制的基本要求

授权是指授予对某一大类业务或某项具体业务的决策做出决定的权力，通常包括常规授权和特别授权两种方式。

授权批准是指企业在办理各项经济业务时，必须经过规定的授权批准程序。授权审批控制要求企业根据常规授权和特别授权的规定，明确各岗位办理业务和事项的权限范围、审批程序和相应责任等内容。

授权控制在日常工作中主要表现为审核批准控制，即要求企业各部门、各岗位按照规定的授权和程序，对相关经济业务和事项的真实性、合规性、合理性以及有关资料的完整性进行复核与审查，通过签署意见并签字或者签章，做出批准、不予批准或者做其他处理的决定。为此，企业应当编制常规授权的权限指引，规范特别授权的范围、权限、程序和责任，严格控制特别授权。企业各级管理人员应当在授权范围内行使职权和承担责任。

2. 授权批准的形式

（1）常规授权。常规授权（又称一般授权）是指企业在日常经营管理活动中按照既定的职责和程序进行的授权。

常规授权是对办理常规性经济业务的权力、条件和有关责任者做出的规定，如企业对各职能部门的权限范围和职责的规定属于常规授权。该层次的授权过大，风险不易控制；过小，则效率降低。

常规授权适用于经常发生的数额较大的交易，如赊销时的价格表与信用额度等，其时效性一般较长。企业可以根据常规授权编制权限指引并以适当形式予以公布，提高权限的透明度，加强对权限行使的监督和管理。常规授权通常在对该业务管理人员任命的时候确定，在管理部门中也采用岗位责任制或管理文件的授权形式认定，或在经济业务中以规定其办理条件、办理范围的形式予以反映。

（2）特别授权。特别授权是指企业在特殊情况、特定条件下进行的授权。特别授权适用于管理当局认为个别交易必须经批准的情况，如对对外投资、资产处置、资金调度、资产重组、收购兼并、担保抵押、财务承诺、关联交易等重要经济业务事项的决策权以及超过一般授权限制的常规交易，都需要特殊授权。这种授权只涉及特定的经济业务处理的具体条件及有关具体人员，且应掌握在较高管理层手中。企业应当关注对临时性授权的管理，规范临时性授权的范围、权限、程序、责任和相关的记录措施。有条件的企业，可以采用远程办公等方式逐步减少临时性授权。

与常规授权相比，特别授权往往是指对办理例外的、非常规性交易事件的权力、条件和责任的特殊规定，如非经常的、重大的、长期性的筹资行为和投资决策等，而日常的、短期性的、经营性的行为属于常规授权的范围。

企业对重大的业务和事项（尤其是对金额巨大、重要性高、技术性强、影响范围广的经济业务与事项），应当实行集体决策审批或者联签制度，任何个人不得单独进行决策或者擅自改变集体决策。

3. 授权批准体系

（1）授权批准的范围。企业所有的经营活动一般都应当纳入授权批准的范围，以便于全面预算与全面控制。授权批准的范围不仅包括控制各种业务的预算（计划）的制定情况，还包括对办理手续的相关人员进行授权，同时，对业绩报告也要授权有关人员反映和考核。

（2）授权层次。授权应当是有层次的，区别不同情况的。根据经济活动的重要性和金额的大小确定不同的授权批准层次，有利于保证各管理层和有关人员有权有责。授权批准在层次上应当考虑连续性，要将可能发生的情况全面纳入授权批准体系，避免出现真空地带。当然，应当允许根据具体情况的变化不断对有关制度进行修正，适当调整授权层次。出现新业务的，要配上相应的规定；金额规模发生变动的，要修改原有的层次界定；等等。

（3）授权责任。被授权者应明确在履行权力时对哪些方面负责，避免授权责任不清。以差旅费报销业务为例，应根据企业总体组织计划，对部门的权限范围和职责做出相应的规定。此项业务一般涉及以下三个部门与相关人员。

第一，报销人员与所在部门负责人应对报销事项的真实性负责。

第二，审核部门与人员应核定费用报销的相关标准。

第三，会计部门审核有关凭证的合法性、完整性，对符合条件的情形予以报销。

（4）授权批准程序。企业的经济业务既包括企业与外单位之间资产与劳务的交换，也包括企业内部资产和劳务的转移与使用。因此，每类经济业务都会有一系列内部相互联系的流转程序。所以，企业应当规定每一类经济业务的审批程序，以便按程序办理审批，避免越级审批和违规审批的情况发生。

4. 授权批准检查制度

通过必要的检查程序来确保每类经济业务授权批准的工作质量是很重要的环节之一。其主要方法有以下两条。

（1）检查凭证和文件。经济业务发生和完成时，通常要编制、审核一系列凭证或文件，这些凭证或文件（尤其是定量的标准与签章等记录）是授权批准的执行证据，通过审查可反映授权批准手续的执行程度。例如，核对购货发票和采购订单，以检查采购业务是否符合授权标准、价格是否合理、货款支付方式是否正确。如果购货发票上的数量、金额与订单不一致，货款支付仅以购货发票为依据时，则说明在采购和货款支付的授权批准程序上存在失控情况。

（2）现场观察。观察授权批准的工作现场有助于判断授权批准的工作质量。例如，某企业规定购货时需经电话询问取得三种报价后才可发出订单，要查明经办人员是否执行上述授权批准程序，只有通过现场观察才能确切了解。

（三）会计系统控制

"企业单位经营发展期间全面开展财务会计内部控制的各项工作，有利于企业单位领导者与管理人员动态了解企业单位真实经营情况，及时发现企业单位存在的风险隐患，提前做出预控以最大限度地避免风险发生，同时给企业单位决策提供可靠的参考依据，严肃企业内部资金活动风气，优化企业文化建设。"[①]

1. 会计系统控制的基本要求

会计作为一个信息系统，对内能向管理层提供经营管理的诸多信息，对外可以向投资者、债权人等提供用于投资等决策的信息。

会计系统控制要求企业严格执行会计准则或会计制度，加强会计基础工作，明确会计凭证、会计账簿和财务报告的处理程序，规范会计政策的选用标准和审批程序，建立、完善会计档案保管和会计工作交接办法，实行会计人员岗位责任制，充分发挥会计的监督职能，保证会计资料的真实、完整。

企业应当依法设置会计机构，配备会计从业人员。从事会计工作的人员，必须取得会计从业资格证书，会计机构负责人应当具备会计师以上专业技术职务资格。大中型企业应当设置总会计师，设置总会计师的企业不得设置与其职权重叠的副职。

---

①李霞. 新形势下企业单位财务会计内部控制的优化路径［J］. 科技创新导报，2021，18（21）：104.

会计系统控制主要是通过对会计主体所发生的各项能用货币计量的经济业务进行确认、计量、记录、报告所实施的控制。从日常会计核算工作的内容来看，主要包括八个方面：①建立会计工作的岗位责任制，对会计人员进行科学、合理的分工，使之相互监督和制约；②设置科学、合理的会计控制流程；③按照规定取得和填制原始凭证，使之"留印"和"有痕"；④对凭证进行连续编号；⑤规定合理的凭证传递程序；⑥明确凭证的装订和保管手续及责任；⑦合理设置账户，登记会计账簿，进行复式记账；⑧按照会计法、会计准则和会计制度的要求编制、报送、保管财务报告；等等。

2. 会计系统记录控制

（1）凭证编号。凭证编号是企业常用的控制方法。其可以控制企业签发的凭证数量以及相应的交易涉及的其他文件，如支票、发票、订单、存货收发证明的使用情况，便于查询，避免重复、遗漏；更重要的是，编号的连续性在一定程度上可以减少抽取发票、截取银行收款凭证等进行贪污舞弊的可能性。

（2）复式记账。复式记账能将企业发生的经济业务按其来龙去脉，相互联系地、全面地记入有关账户，使各账户完整、系统地反映各会计要素具体内容的增减变动情况及其结果。通过复式记账与借贷平衡有利于保证会计账面记录无误，从而保证会计信息正确、完整。

（3）统一会计科目。企业应根据会计准则的规范要求和经营管理的实际需要，统一设定会计科目，特别是集团性公司更有必要统一下级公司的会计明细科目，以便统一口径、统一核算、有效分析。企业可以列一张有全部会计科目的清单，一般包括会计科目编号、名称、级别、类别等方面，并附每个账户的内容说明。对会计准则尚未统一规定的明细科目，企业可以自行设定。

（4）制定会计政策。企业制定会计政策应当符合会计准则的规范要求，应当从企业内部控制及管理要求出发，编制一份专门的会计政策文件，让有关人员知晓，必要时也可在整个集团（包括各子公司）统一某些会计政策，以便汇总管理和考核。这样统一会计处理，也可以降低出错的可能性。

（5）规范结账程序。结账是一项将账簿记录定期结算清楚的账务处理工作，包括对收入、费用的结算，以揭示当年的经营活动成果，包括对资产、负债和所有者权益的结算，结出其期末余额以便下期结转。

企业可运用流程图来设计结账的工作步骤、内容、完工时间、有关责任人，以保证结账工作顺序进行。控制结账程序能保证企业会计处理的及时完成，能及时发现错误并加以改正，还可以运用流程图来确定内部会计控制的流程、凭证的传递与关键控制点等。随着网络技术的推广，有些企业将某一经济业务的会计处理当前进行到哪个部门、哪个人员手中动态地反映在局域网上，时刻加以监控，以保证结账程序顺利完成。

流程图是由一定符号组成，反映企业业务中的不同部门与不同职位之间的相互关系的图表。它既是企业管理的有效工具，也是评价内部控制的重要手段。

（四）财产保护控制

1. 基本要求

财产保护控制要求企业建立财产日常管理制度和定期清查制度，采取财产记录、实物保管、定期盘点、账实核对等措施，确保财产安全。企业应当严格限制未经授权的人员接触和处置财产。为了保全企业的财产，企业应当严格限制未经授权的人员接触和处置财产，并采取定期盘点、财产记录、账实核对、财产保险等措施，确保企业财产的安全、完整。

2. 限制接近

限制接近主要是指严格限制无关人员对资产的接触，只有经过授权批准的人员才能接触资产。限制接近包括限制对资产本身的直接接触和通过文件批准的方式对资产使用或分配的间接接触。一般情况下，对货币资金、有价证券、存货等变现能力强的资产，必须限制无关人员的直接接触。

（1）限制接近现金。现金收支的管理应该局限于特定的出纳员。这些出纳员要与控制现金余额的会计记录人员和登记应收账款的人员相分离。可以设立单独、封闭的出纳室或带锁抽屉的收银机来保护现金的安全。零星现金的支出也可以通过指定专门的核算人员管理备用金的方法来控制。

（2）限制接近其他易变现资产。其他易变现资产，如应收票据和有价证券等，一般采用确保两个人同时接近资产的方式加以控制，如由银行等第三方保管易变现资产，在处理保管的易变现资产时，要求由两名管理人员共同签名等。

（3）限制接近存货。在制造业和批发企业中，存货的实物保护可以通过由专职的仓库保管员控制，设置分离、封闭的仓库区域，以及工作时间之内和工作时间之后控制进入仓库区域等方式实现。在零售企业中，存货的实物保护可以通过在营业时间中和营业时间后控制接近库房的方式（如使用夜盗警铃、发放有限的钥匙等）实现。另外，对贵重商品使用带锁的营业柜，聘用专人日常巡视和采用某些监控设备等，也是实物保护控制的措施之一。

3. 定期盘点

定期盘点是指定期对实物资产进行盘点，并将盘点结果与会计记录进行比较。如果盘点结果与会计记录不一致，说明资产管理上可能出现错弊，应当分析原因、查明责任、完善管理制度。

（1）定期与会计记录核对。实物资产盘点并与会计记录核对一致在很大程度上保证了资产的安全，但并不排除实物资产和会计记录存在相同错误的可能性。为保证盘点时资产的安全，通常应先盘点实物，再核对账册，以防止盘盈资产的流失。

（2）进行差异调查与调整。实物盘点结果与有关会计记录之间的差异应由独立于保管和记录职务的人员进行调查。如果盘点结果与会计记录不一致，说明资产管理上可能出现错误、浪费、损失或其他不正常现象。为防止差异再次发生，应通过详细调查，分析原因、查明责任，并根据资产性质、现行制度、差异数额以及产生的原因，采取保护性控制措施。

需要说明的是，我们可以根据资产形态来确定盘点频率。动产较之不动产，可携带品较之不可携带品，消费品较之生产用品，货币性资产较之非货币性资产的盘点频率要高得多。

4. 记录保护

企业应当妥善保管涉及资产的各种文件资料，避免记录受损、被盗、被毁。

（1）应该严格限制接近会计记录的人员，以保持保管、批准和记录职务分离的有效性。

（2）会计记录应妥善保存，尽可能减少记录受损、被盗或被毁的可能性。

（3）某些重要资料（如定期财务报告）应留有后备记录，以便在遭受意外损失或毁坏时重新恢复，这在计算机处理条件下尤为重要。

5. 财产保险

企业可以通过资产投保（如火灾险、盗窃险、责任险等）来增加实物资产受损后补偿的程度或机会，从而保护企业的实物安全。

6. 财产记录监控

企业应当健全永续盘存制和资产档案管理，对资产的增减变动情况做及时、全面的记录，同时加强对财产所有权证的管理，以确保账实一致、账证一致。

（五）预算控制

1. 预算控制的基本要求

预算控制是以全面预算为手段，对企业内部各部门、各单位的各种财务及非财务资源所进行的控制，应当实行全员参与、上下结合、分级编制、逐级汇总、综合平衡。由于执行全面预算的过程也是实现控制目标的过程，因此，预算控制要求企业加强对预算编制、执行、分析、考核等环节的管理，明确预算项目，建立预算标准，规范预算的编制、审定、下达和执行程序，及时分析和控制预算差异，采取改进措施，确保预算的执行。

预算控制的核心是强化预算约束，企业应当按照内部经济活动的责任权限进行预算控制，预算内资金实行责任人限额审批，限额以上资金实行集体审批，严格控制无预算的资金支出。为此，企业应当建立预算工作岗位责任制，明确相关部门和岗位的职责、权限，确保预算工作中的不相容岗位相互分离、制约和监督。

预算工作的不相容岗位一般包括：①预算编制（含预算调整）与预算审批；②预算审批与预算执行；③预算执行与预算考核。

企业在建立与实施预算内部控制的过程中至少应当强化对两个关键方面或者关键环节的控制：①职责分工、权限范围和审批程序应当明确、规范，机构设置和人员配备应当科学、合理；②预算编制、执行、调整、分析、考核的控制流程应当清晰、严密，对预算编制方法、审批程序、预算执行情况的检查、预算调整、预算执行结果的分析考核等应当有明确的规定。

2. 企业预算控制流程与控制要点

企业应当制定预算工作流程，明确预算编制、执行、调整、分析与考核等各环节的控制要求，并设置相应的记录或凭证，如实记载各环节工作的开展情况，确保预算工作的全过程得到有效控制。

（1）预算编制控制。企业应当加强对预算编制环节的控制，对编制依据、编制程序、编制方法等作出明确规定，确保预算编制依据合理、程序适当、方法科学。

企业应当在企业战略的指导下，以上一期间的实际状况为基础，结合本企业业务发展情况，综合考虑预算期内经济政策变动、行业市场状况、产品竞争能力、内部环境变化等因素对生产经营活动可能造成的影响。根据自身业务特点和工作实际编制相应的预算，并在此基础上汇总编制预算方案。

企业年度预算方案应当符合本企业发展战略、整体目标和其他有关重大决议，反映本企业预算期内的经济活动规模、成本费用水平和绩效指标，满足控制经济活动、考评经营管理业绩的需要。

制订预算方案，应当做到内容完整、指标统一、要求明确、权责明晰。企业预算管理部门应当加强对企业内部预算执行单位预算编制的指导、监督和服务。

（2）预算执行控制。企业应当加强对预算执行环节的控制，对预算指标的分解方式、预算执行责任制的建立、重大预算项目的特别关注、预算资金支出的审批要求、预算执行情况的报告与预警机制等作出明确规定，确保预算被严格执行。

（3）预算调整控制。企业应当加强对预算调整环节的控制，保证预算调整依据充分、方案合理、程序合规。企业正式下达执行的预算，不得随意调整。

企业在预算执行过程中可能由于市场环境、经营条件、国家法规政策等发生重大变化，或出现重大自然灾害、公共紧急事件等致使预算的编制基础不成立，或者会导致预算执行结果产生重大差异，需要调整预算的，应当报经原预算审批机构批准。

调整预算由预算执行单位逐级向原预算审批机构提出书面报告，阐述预算执行的具体情况、客观因素变化情况及其对预算执行的影响程度，提出预算的调整幅度。

企业预算管理部门应当对预算执行单位提交的预算调整报告进行审核分析，集中编制企业年度预算调整方案，提交原预算审批机构审议批准，然后下达执行。

企业预算调整方案应当符合三点要求：①预算调整事项符合企业发展战略和现实生产经营状况；②预算调整重点放在预算执行中出现的重要的或非正常的关键性差异方面；③预算调整方案客观、合理。对不符合上述要求的预算调整方案，企业预算审批机构应予以否决。

（4）预算分析与考核控制。企业应当加强对预算分析与考核环节的控制，通过建立预算执行分析制度、审计制度、考核与奖惩制度等，确保预算分析科学、及时；预算考核严格、有据。

（六）运营分析控制

1. 运营分析控制的基本要求

建立与健全运营分析制度是运营控制的基础与前提。经理层应当综合运用生产、购销、投资、筹资、财务等方面的信息，通过因素分析、对比分析、趋势分析等方法，定期开展运营情况分析，发现存在的问题，及时查明原因并加以改进。

全面掌握各项指标的完成情况和预算执行情况，研究、落实解决预算执行中存在的问题的政策措施，纠正预算的执行偏差很重要。分析与控制都是手段，达到预算目标或控制目标才是运营分析的真正目的。

2. 企业运营分析的主要内容

（1）盈利能力状况分析。企业管理的目标可以简洁地概括为生存、发展、获利。企业只有发展才能更好地生存，而只有获利才能更好地发展。盈利可以说是企业成立的出发点和归宿。

（2）资产质量状况分析。企业内部的人力资源与生产资料资源配置得越合理，生产经营效率与资金利用效率越高，企业就越有发展前途。

（3）债务风险状况分析。市场经济是信用经济。企业在市场中要立足讲信用是首要条件，还要具备一定的偿债能力。

（4）经营增长状况分析。企业的经营增长状况与发展（竞争）能力越强，说明企业的发展前景越好。

（5）创新能力分析。企业能否及时、有效地吸收并运用现代管理的理念与方法，及时实现技术创新、体制创新和机制创新是企业能否成功的关键。创新能力可以从引进人才、引进设备、引进外资、新产品投产、新市场开拓、新技术使用、高新技术开发等方面进行分析与评价。

运营分析是一项经常性的控制活动，要求企业综合运用各种信息资料，采用各种分析方法，及时发现问题、查找原因、加强监控，从而达到防患于未然的目的。

（七）绩效考评控制

1. 绩效考评控制的基本要求

绩效考评是指将实际业绩与其评价标准（如前期业绩、预算和外部基准尺度）进行比较，对营运业绩等进行的评价。绩效考评控制的基本要求有以下四条。

（1）企业应当建立财务分析制度，定期召开分析会议，全面掌握预算的执行情况，研究、落实解决预算执行中存在的问题的政策措施，纠正预算的执行偏差。

企业应当针对预算的执行偏差，充分、客观地分析产生的原因，提出相应的解决措施或建议，提交董事会或经理办公会研究决定。

（2）企业应当定期组织财务预算审计，纠正财务预算执行中存在的问题，充分发挥内部审计的监督作用，维护财务预算管理的严肃性。

财务预算审计可以是全面审计，也可以结合年报审计同步进行，还可以组织不定期的专项审计。

审计工作结束后，企业内部审计机构应当形成审计报告，直接提交财务预算委员会、董事会或者经理办公会，作为财务预算调整、改进内部经营管理和财务考核的一项重要参考。

（3）年度终了，财务预算委员会应当向董事会或者经理办公会报告财务预算的执行情况，并依据财务预算的完成情况和财务预算的审计情况对预算执行单位进行考核。

企业内部预算执行单位上报的财务预算执行报告应经本部门、本企业负责人按照内部议事规范审议通过，作为企业进行财务考核的基本依据。

（4）企业财务预算执行考核是企业绩效评价的主要内容，应当结合年度内部经济责任制考核进行，与预算执行单位负责人的奖惩挂钩，并作为企业内部人力资源管理的参考。

2. 绩效考评控制的报告

绩效考评报告是为了提高企业内部管理的时效性和针对性而实施的控制与报告。绩效考评报告应当反映部门、人员的经管责任，其形式、内容应简明扼要，信息传递和信息反馈应迅捷高效。

开展企业综合绩效评价，应当充分体现市场经济原则和资本运营特征，以投入产出分析为核心，运用定量分析与定性分析相结合、横向对比与纵向对比互为补充的方法，综合评价企业的经营绩效和努力程度，促进企业提高市场竞争能力和持续发展能力。

二、企业单位内部控制的优化

（一）加强内控意识

民营企业想要不断发展还是要依靠自身的内部控制，一定要做到的就是内控意识的加强。

首先，领导阶层要对内控管理有一定的重视。领导阶层的思想形态一直引领着员工的意识与企业的发展方向，可以通过对部分优秀企业的参观与考察，了解内部控制对企业稳定运行的作用，再结合目前的市场环境对企业自身的不足进行分析，制定相对应的内控制度。

其次，在企业文明建设培训时融入内控意识。每一个企业都具有独特的文化传统与企业文化，可以在对员工进行企业文明培养时直接融入内部控制意识，将内部控制培训纳入企业文化培训中，使新员工在进入企业时就能树立企业文化与内控的意识，能保障新员工在进入工作状态后，按照内控管理制度进行，节约了后期进行内控制度培训的时间。同时，内控制度与企业文化相结合，还有助于引导员工树立正确的工作态度与责任心，能保障内部控制深入员工的工作流程与内心，保障内部控制从基层有效推进。

最后，可以定期组织员工进行内控培训。员工专业技能的提升是企业获得更多盈利中最重要的一点，但是想要企业内控有效地开展，就要积极培养员工的内控意识。定期组织内控培训，邀请专业的培训讲师进行实例讲解，根据对成功企业内部控制管理的分析，突出内控对企业的重要性，同时分析部分企业没有进行有效内控的案例，明确缺乏有效内部控制对企业的危害性，使员工清楚企业内控的重要性及其对企业发展的影响，让员工从内心理解并积极执行内控管理制度。

（二）强化内控监督

内部控制的监督管理工作能保证内控有序推进，所以在企业进行内部控制时，要不断加强内控的监督工作。

首先，科学设置监督管理部门结构。设置独立的监督管理部门，禁止任何部门人员兼任监督管理工作，谨防在监督管理过程中出现谋私或者人情关系。有独立的监督管理部门对内控制度进行监督，能保证内控制度在企业运行中的有效实施。

其次，由内控管理部门进行定期考核。内控管理部门可以对本阶段工作提出一定的要求，推动各部门按要求提交书面的规划材料，还可以根据内控管理开展的实际情况，对企业内员工进行内控制度的考核，保证员工熟知内控制度，并能对其进行有效执行。同时还可以根据考核的结果依照奖惩机制对表现较为优异的员工予以一定的物质奖励，对多次考核成绩均较为优异的员工给予一定的晋升或职称评定优先权，激发员工对培训与执行内控制度的自觉性与自主性。这样的监督管理机制能有效地保证企业内控管理的执行力度，激发并增强员工对内控管理工作的认同感。

最后，注重阶段性内控制度结束后，对内控管理进行评价与改进。内控制度需要根据企业的实际发展情况进行不断的完善与改进，在阶段性的管理期末，监督管理部门要对内控执行效果，以及该阶段存在的问题进行评价与汇总，并结合员工的实际情况进行考评。同时还要在总结经验教训后，对未来的内控管理工作制订改进方案与计划，保证内控管理制度不断完善，促进民营企业的高速发展。

（三）强化内部可控制管理体系

内部管理制度是一项关系到企业整体发展的管理制度，要保证制度的可操作性与执行度，不能为了内控而内控，所以完善的内部控制管理体系就显得尤为重要。还要做好内控管理工作的流程规范与责权划分。在企业生产经营过程中，要明确各部门的工作流程，保证各部门的工作科学有效地进行。

第三节 商业银行内部控制及其优化

一、商业银行内部控制

"内部控制环境是内部控制的基础和首要因素，通过优化内部控制环境以加强内部控制建设，是商业银行生存发展的必然选择。"[①]

（一）商业银行内部控制的目标

商业银行进行内部控制是为了保证各项活动都能顺利地进行，以减少银行的经营障碍，有效防范风险。商业银行财务和管理信息的可靠性、完整性和及时性优先于内部控制的目标，因此不能为了实现自身的经营目标而违反法律法规，更不能为了实现内部控制的目标而失去信息的可靠性、完整性和及时性。

商业银行内部控制的目标有以下四点。

第一，确保国家法律规定和商业银行内部规章制度的贯彻执行。

第二，确保商业银行发展战略和经营目标的全面实施和充分实现。

第三，确保商业银行风险管理体系的有效性。

第四，确保业务记录、财务信息、会计信息和其他管理信息的及时、真实和准确、完整。

（二）商业银行内部控制的要素

1. 控制环境

控制环境是指能对内部控制建立及其执行过程产生重大影响的一系列要素的总称，它是推动控制工作的发动机，是所有内控组成部分的基础部分。一个良好的内部控制环境，可以使内部控制更有效地进行，对公司实现战略经营目标有着重大的推动作用。控制环境一般包括以下几个方面。

（1）管理理念。管理理念是公司管理层对公司的运行，对公司各个部门以及员工提出的要求，也是一种可以使公司良好运行且适合本公司的管理理念。商业银行要适应国家发展理念的转变，认真执行国家产业政策、财政政策和货币政策，在经营发展的过程中树立正确的发展理念，包括：兼顾规模与效益、效率与公平、质量与速度；将短期利益与长期

---

①王禹衡，武诗璇.论我国商业银行内部控制环境的优化［J］.投资与合作，2014（6）：185.

利益相结合；将企业利益与社会效益相平衡；从粗放式扩张向集约化经营转变；从规模导向型经营模式向效益导向型转变；从以高资本消耗为主导的业务向以低资本消耗为主导的业务结构转型，最终实现发展模式的转变，竭力实现资本节约和提高资本使用效率。

（2）管理层。管理层是公司的核心部门，管理层拥有对本公司而言最宝贵的价值，一个良好的管理层，为商业银行内部控制的运行创造一个良好的空间，使信息的充分性和有效性得到保证。作为管理层，一是要有强烈的责任感和敬业精神，二是要有正确的管理方式，这对商业银行的发展运行有着极为重要的作用。

（3）组织结构。商业银行的组织结构对内部控制有重要意义。合理完善的组织机构可以使各个部门之间既相互联系又相互制约。完善的授权授信机制，能保证部门和分支行之间方便、快捷、准确地沟通信息，能商业银行内部建立起有效的监督机制。

（4）外部环境。商业银行所面临的环境是一个开放的环境，会受到来自四面八方的信息的影响，如与银行有关的政府监管机构、中央银行、社会监督部门等。此外，国内外经济形势的变化，法律法规的实行和废止，社会舆论以及自然灾害等因素，都会对商业银行产生影响。

2. 风险识别与评估

商业银行的内部控制需要不断识别和评估影响其实现经营目标的风险。因此，识别与评估风险是实现商业银行经营目标的前提步骤。风险识别和评估主要包括以下两个方面。

（1）经营与管理活动的风险识别与评估。

（2）法律法规、监管要求和其他要求。

3. 内部控制措施

内部控制措施是确保管理方针得以实现的一系列制度、程序和措施。它包括高层检查、直接管理、信息加工、实物控制、工作指标和职责分离等。管理人员要为每一项重大活动设立目标，并针对与这些目标相关的风险，列出所要采取的措施，如完善制度、加强相互制约、健全奖惩机制、加强员工培训等。

4. 信息交流与反馈

要使控制活动和措施有力地开展下去，一个商业银行必须及时获取内外部信息，包括反映经营管理状况、法律法规执行情况、财务报表资料等内部信息，以及其他外部信息，并使这些信息充分交流，如内部部门之间、总行与分支行之间、分支行之间的相互交流，银行与客户、政府部门、中央银行之间的交流等。通过信息的获取和交流，可以完善和实现自身的目标，采取必要的控制活动和措施，及时解决存在的问题。例如，通过分支行之间、与中央银行之间的信息交流，获取主要客户在本系统其他分支行及其他银行的贷款和授信情况，以便本行确定适当的授信额度和测定信用风险。

（三）商业银行内部控制措施

1. 设立恰当的管理体系和法人治理结构

（1）董事会作为商业银行进行内部控制的头脑，在制定各项制度、规定时，要充分考虑商业银行内部实际情况，通过建立制衡和问责机构，处理好各个部门之间（如董事会、监事会、高级管理层和商业银行）的关系，达到各个部分之间相互制约、分权制衡的效果，使内部控制得以有效进行，通过建立激励机制，避免因为内部控制而引发道德风险等问题。

（2）商业银行应当强化一级法人制度。例如，在商业银行中，总行拥有独立的法人资格，但是其他分行却没有，总行作为一级法人是整个商业银行的法人代表。在内部控制的措施中，应该体现出一级法人的主导地位，明确各个分支机构之间的职责。

（3）商业银行应明确商业银行内部的岗位分工，明确各级各部门之间的职责，健全风险制约机制，完善奖励激励机制，调动每个人的积极性，使商业银行的经营目标得以实现。

2. 建立有效的信息管理系统和业务信息系统

商业银行建立有效的信息管理系统和业务信息系统，可以有效地监控各种数据，实现各部门之间数据的共享，在提高经营效率的同时，也提高信息监督的效率，有利于实现内部控制的充分性和有效性。建立有效的信息管理系统和业务信息系统可从以下三方面着手。

（1）强化会计部门的内部控制，其作为财务等信息的来源，可以保证账表信息的真实性和完整性。

（2）财务部门应该利用此系统，对财务信息作甄别，及时发现漏洞，把风险控制到最低。

（3）努力做到信息的公开透明，把自身信息公开于社会，把商业银行的经营活动和控制风险措施置于社会公众监督之下。

3. 加强商业银行内控文化建设

商业银行内控的文化建设，是利用企业本身的企业文化，调动员工的积极性，在员工之间树立责任意识，使每个员工与管理层连接在一起，上下一心，使高级管理层在决策时考虑到普通员工的诉求，考虑到银行整体的发展，普通员工也可以认识到管理层的用意，从而提高经营管理的效率，也使内部控制得到进一步加强。

4. 创新监管理念，建设良好的外部环境

商业银行要顺利实现其经营目标，与一个良好的外部环境是分不开的。银行的监管部门应该把银行的内部控制与监管作为重点对待，改变以前不合理的监管方式，以持续性的

监管方式赋予商业银行内部监管压力和动力，为商业银行注入新的活力，提高经营效率。

（四）商业银行内部控制的保障

1. 信息管理

商业银行应当在各级机构、所有业务和全部流程中建立管理信息系统和业务操作系统，及时、准确地记录经营管理信息，确保信息的完整性、连续性、准确性和可追溯性。

同时，商业银行还应当加强对信息的安全控制和保密管理，对各类信息实施分等级安全管理，对信息系统访问实施权限管理，确保信息安全。

此外，应当建立有效的信息沟通机制，确保董事会、监事会、高级管理层能及时了解本行的经营和风险状况，确保相关部门和员工及时了解与其职责相关的制度和信息。

2. 业务连续性管理

业务连续性管理是促进企业经营一体化的管理，它能使企业识别和认清当前所面临的潜在威胁以及外部环境的突然变化，为企业业务中断和业务重塑提供管理思路和操作方法。当企业面临业务中断的困境时，可以适时提供解决困境的管理措施，让企业拥有较快的业务恢复能力，把突发事件给企业带来的损失降低在可承受的范围之内，维护企业利益，使其生产经营业务能按计划顺利持续进行。

3. 人力资源配备

当前外部环境发生剧变，经济结构深入调整，增长方式转型，商业银行要想在严峻的挑战中求得生存和发展还需要人来推动。人力资源是企业发展的第一资源，要想实现在内部控制方面的跨越式发展，发挥人力资源的核心效能，应当加强人力资源管理，完善发掘、培育、使用、管控人才的链条，坚持以人为本的思想。

商业银行应当制定有利于可持续发展的人力资源政策，将职业道德修养和专业胜任能力作为选拔和聘用员工的重要标准，保证从业人员具备必要的专业资格和从业经验，加强员工培训。

人力资源配备至关重要，商业银行应在内部建立人才市场，坚持能者上、弱者下的原则，使岗位配备具有科学性、有效性，做到人尽其才、各得其所，避免人浮于事或人力不足等情况的出现。

4. 绩效考评

科学合理的绩效考评体系将有效地提高员工工作效率，激发竞争活力，提高企业整体运转效率。商业银行应当建立科学的绩效考评体系、合理设定内部控制考评标准，对员工在特定期间的内部控制管理活动进行评价，并根据考评结果改进内部控制管理。

考核分析有定性分析与定量分析。定性分析往往主观随意性较强，稳定性较弱，只有定性分析与定量分析相结合才能真正提高内部控制考核的质量。常见的内部控制绩效考评方法有关键绩效指标法、平衡计分卡、经济增加值等。

其中，使用平衡计分卡的方式打破了传统的只将目光局限于具体业务考核的方法，基于平衡计分卡（BSC）的商业银行内控考核，比传统考核方法增加了客户、内部业务流程、学习及成长三个指标，可以促进财务指标与非财务指标的结合，更有利于短期目标与长期战略的平衡，将战略与战术相结合，对企业长足发展有深远影响。

商业银行差异化绩效考核也尤为重要，对内控管理职能部门和内部审计部门应当建立区别于业务部门的绩效考评方式，使考评更贴近实际，以利于其有效履行内部控制管理和监督职能。

5. 企业内控文化

商业银行内控文化与硬性的条文规章相区别，是一种潜移默化的"软实力"，它可以对企业内部控制过程起到渐进的激励、渗透、约束作用，是对刚性制度文化的一种补充完善。

商业银行应当培育良好的企业内控文化，融合现代商业银行的经营理念、风险管理对策，结合本地区的发展经验，引导员工树立合规意识、风险意识，提高员工的职业道德水准，规范员工行为。商业银行要树立自己独特的企业风险管理文化，通过合理的风险管理机制、恰当的企业内控文化，调动每个部门、每个员工在风险管理方面的主动性和积极性，发挥其在企业内部控制中的创造性。

二、商业银行内部控制的优化

（一）优化商业银行的预算管理体系

商业银行的预算管理机制能保障银行的各项工作按照预设的规划开展。

第一，规范预算管理的制度。改进预算编制体系，针对预算指标进行规范化管理，对下一年度发生的重大项目需要采取事前评审及绩效评估机制，通过加强资金规划与管控措施实现对年度预算的有效约束。

第二，强化预算的约束机制。建立围绕预算的经费批准制度，尽可能避免调整预算，对不同的预算支出项目需要制定完善的审批程序，严格按照规范的程序进行管控，健全银行内部的各项管理机制，确保各岗位实现相互制约、相互监督，实现对预算资金的全流程动态监控，并针对预算管理过程中发现的问题及时优化，从而通过动态管控解决预算管理中的问题，以促使年度预算目标顺利达成。

（二）重视内部控制组织优化

商业银行需要重视对内部控制组织的优化，促使各项管理制度执行到位。商业银行内部业务领域中，需要落实不相容职务相分离的要求，确保关键管理流程实现相互牵制、相互监督，从而针对内部控制问题与风险进行全面控制。商业银行需要针对关键的风险环节实现双人控制，并按规定要求针对关键岗位执行定期休假，明确岗位责任制，对可能发生风险的环节进行有效管控。

（三）畅通信息沟通机制

1. 加强信息系统建设

（1）商业银行需要打造现代化的经营体系。商业银行作为组织结构庞大、业务部门众多的机构，通过信息系统的优化，确保对各项业务实现全面管控，并确保各类数据得到及时更新。商业银行内部的各部门需要通力协作，重视信息工作建设。

（2）信息系统的建设需要由总行统一负责，确保系统之间具有兼容性，以促使数据传递更具有准确性。商业银行的信息系统需要通过高科技手段与现代化技术的应用，促使银行实现信息共享，避免出现数据重复录入等问题，帮助商业银行在当前时代下做到高效决策，并疏通商业银行的信息传递机制，促使信息及时、有效反馈，以避免商业银行产生损失的可能性。

2. 提高信息传递的效率

针对商业银行管理过程中的风险，商业银行需要通过应用高科技、现代化的手段进行管理，优化信息共享机制，避免数据在管理过程中出现一系列问题，从而提高信息传递的效率。在信息技术高速发展的背景下，商业银行需要做到高效决策，建立完善的信息沟通渠道，不仅需要重视横向信息传递，还需要疏通纵向信息传递渠道，促使银行内部的员工能及时反馈银行管理工作中的问题与隐患，及时上报所发现的各类问题，帮助商业银行制定优化措施，以降低商业银行管理过程中发生问题的可能性。

3. 提高信息系统安全性

随着商业银行信息系统的不断完善，商业银行的信息系统管理日益复杂化，银行在管理活动中需要针对各类可能存在的风险建立防范机制，防范信息系统受到外界攻击的问题，并对各责任人的系统登录权限进行有效管理，定期更换登录密码，并且针对信息系统建立预警修复措施，当系统瘫痪时能及时恢复正常。

参考文献

［1］安哲．企业投资管理问题与改进路径［J］．全国流通经济，2022（18）：116-119.

［2］曹惠玲，戴军．基于云会计的企业筹资管理探究［J］．财务与会计，2015（20）：69-71.

［3］曹佩佩．内部控制评价与内部审计关系浅析［J］．财会学习，2019，237（28）：150.

［4］常美悦，张桂杰．经济增速放缓下的企业筹资渠道［J］．品牌，2015（9）：119+121.

［5］陈冰玉，张艳平，祝群．内部控制［M］．济南：山东大学出版社，2019.

［6］陈若琼，李松青．新零售模式下T公司营运资金管理研究［J］．科技资讯，2023，21（2）：130-134.

［7］邓志弘．新时代下企业营运资金管理强化路径探索［J］．投资与创业，2023，34（4）：116-118.

［8］韩霜．企业筹资管理概述［J］．时代金融，2016（14）：127+129.

［9］何时杰．浅析企业财务管理内部控制建设与风险防范［J］．中国商论，2019（18）：99-100.

［10］何志琪．浅析中小企业筹资管理的风险与控制对策［J］．中国国际财经（中英文），2017（5）：148-149.

［11］华清君．货币资金控制程序设计的实证研究［J］．商业研究，2004（22）：76-78.

［12］黄庆鑫．中小企业筹资管理中存在的问题及对策——基于M公司筹资管理分析［J］．财经界，2020（24）：76-77.

［13］姜楷寅，龚巧莉．基于渠道框架下的营运资金管理分析［J］．上海商业，2022，（12）：152-153.

［14］李连华．内部控制学［M］．厦门：厦门大学出版社，2019.

［15］李梦．中小企业筹资管理现状及建议［J］．财经界，2020（14）：16-17.

［16］李南叶．新时期企业投资管理策略的思考［J］．财经界，2022（33）：66-68.

［17］李霞．新形势下企业单位财务会计内部控制的优化路径［J］．科技创新导报，2021，

18（21）：98-99+104.

［18］陆凤妹．价值链视域下现代物流企业营运资金管理研究［J］．营销界，2023（3）：92-94.

［19］钱春容．财务管理内部控制存在的问题及应对措施［J］．中国集体经济，2023，742（14）：142.

［20］瞿颖．企业投资管理及风险控制探究［J］．财经界，2023（4）：66-68.

［21］宋文杰．企业内部资金控制问题研究［J］．中国商论，2018（29）：112-113.

［22］陶菊仙．更新理念 探索企业新型的财务管理模式［J］．中国管理信息化，2013，16（17）：18-20.

［23］田秋娟，童立华，周谦．财务分析［M］．上海：立信会计出版社，2018.

［24］王贺．财务共享模式下信息传递内部控制框架研究［J］．商业会计，2022（14）：95-98.

［25］王洪霞．内部控制在企业财务管理中的应用［J］．中国商论，2017（33）：142-143.

［26］王怀阳，李小安．财务报表分析［M］．长沙：湖南师范大学出版社，2019.

［27］王佩丹．行政事业单位内部控制存在常见问题及其优化策略［J］．经济师，2023（1）：88-89.

［28］王守垠．企业投资管理策略创新研究［J］．投资与创业，2022，33（14）：109-111.

［29］王文姣，夏常源，傅代国，等．独立董事网络、信息双向传递与公司被诉风险［J］．管理科学，2017，30（4）：63-82.

［30］王禹衡，武诗璇．论我国商业银行内部控制环境的优化［J］．投资与合作，2014（6）：185-185.

［31］王志明．企业财务管理内部控制体系的建设路径探索［J］．中国商论，2020（2）：149-150.

［32］吴继良．企业筹资管理中存在的问题及对策浅探［J］．现代交际，2018（22）：120-121.

［33］吴同军．探讨企业财务管理内部控制的实施与意义［J］．中国商论，2018（30）：143-144.

［34］伍小英．浅谈企业投资管理及风险控制［J］．财经界，2022（22）：93-95.

［35］夏晨风．基于财务视角的企业收益内部分配管理控制模式［J］．现代经济信息，2013（24）：249.

［36］相国栋．浅谈企业内部信息传递［J］．东方企业文化，2014（12）：282-282.

［37］徐敏炎．试论现代财务分析程序与方法体系的重构［J］．赤峰学院学报（自然科学

版），2015，31（15）：154.

[38] 徐莹. 企业筹资管理相关问题的思考［J］. 商场现代化，2016（23）：242-243.

[39] 许素琼，邹显强，文容. 财务管理［M］. 北京：北京理工大学出版社，2017.

[40] 许瑛. "互联网+"环境下优化企业财务管理内部控制的路径［J］. 中国商论，2019
（13）：128-129.

[41] 闫冬瑾. 平衡计分卡下的企业全面预算管理研究［J］. 中国中小企业，2023
（3）：193.

[42] 杨瑞平，吴秋生. 论资金控制的十大环节［J］. 会计之友，2009（12）：42-44.

[43] 姚靠华，贺孜孜，蒋艳辉. 强制披露制度下的企业内部控制信号传递研究［J］. 会
计之友，2014（24）：99-105.

[44] 张碧云. 国有企业投资管理中的问题与对策［J］. 现代商业，2023（2）：81-84.

[45] 张毓浩，李维刚. 渠道视角下营运资金管理的研究——以 W 公司为例［J］. 全国流
通经济，2023（3）：181-184.

[46] 章艳. 浅谈事业单位内部控制的优化对策［J］. 财讯，2021（16）：181-182.

[47] 赵新萍. 组织结构控制——企业内控的关键［J］. 西南民族大学学报（人文社会科
学版），2004，25（4）：146-147.

[48] 朱丽婷. 企业内部控制存在问题及其优化探究［J］. 财会学习，2019（17）：241
+243.

[49] 朱林. 企业筹资管理的问题及对策［J］. 现代商贸工业，2018，39（18）：133-134.

[50] 宗孝磊，邓红武，闻立平，等. 大型国有企业投资管理数字化平台建设的实践与思
考［J］. 电力勘测设计，2023（1）：22-25+67.